CHE
GUEVARA

Textos
Econômicos

CHE
GUEVARA

Textos Econômicos

São Paulo
2009

global
EDITORA

© Ernesto Che Guevara
2ª Edição, Global Editora, 1986
3ª Edição, Global Editora, São Paulo 2009

Diretor Editorial
JEFFERSON L. ALVES

Gerente de Produção
FLÁVIO SAMUEL

Coordenadora Editorial
DIDA BESSANA

Assistentes Editoriais
ALESSANDRA BIRAL
JOÃO REYNALDO DE PAIVA

Revisão
ANA CRISTINA TEIXEIRA

Tradução
OLINTO BECKERMAN

Editoração Eletrônica
SPRESS

Imagem da Capa
TIME & LIFE PICTURES/GETTY IMAGES

Dados Internacionais de Catalogação na Publicação (CIP)
(Câmara Brasileira do Livro, SP, Brasil)

Guevara, Ernesto, 1928-1967.
Textos econômicos / Che Guevara, [tradução Olinto Beckerman].
– 3. ed. – São Paulo : Global, 2009.

Título original : Textos económicos
ISBN 978-85-260-1358-2

1. Economia – Discursos, ensaios, conferências 2. Relações econômicas internacionais – Discursos, ensaios, conferências I. Título.

09-00239   CDD–330

Índices para catálogo sistemático:
1. Economia   330
2. Economia política 330

Direitos Reservados
GLOBAL EDITORA E DISTRIBUIDORA LTDA.

Rua Pirapitingui, 111 – Liberdade
CEP 01508-020 – São Paulo – SP
Tel.: (11) 3277-7999 – Fax: (11) 3277-8141
e-mail: global@globaleditora.com.br
www.globaleditora.com.br

Colabore com a produção científica e cultural.
Proibida a reprodução total ou parcial desta obra
sem a autorização do editor.

Obra atualizada conforme o
Novo Acordo Ortográfico da Língua Portuguesa

Nº de Catálogo: **1643**

CHÊ
GUEVARA

Textos
Econômicos

SUMÁRIO

Capítulo 1. Soberania política e independência econômica 9

Capítulo 2. Sobre a Conferência de Genebra para o Comércio e o Desenvolvimento 23

Capítulo 3. Comunicação de Ernesto Che Guevara – Ministro da Indústria e Chefe da Delegação de Cuba – à I Conferência para o Comércio e o Desenvolvimento 30

Capítulo 4. Sobre a concepção do valor em resposta a algumas afirmações. 50

Capítulo 5. O sistema orçamental de financiamento. 56

Capítulo 6. Considerações sobre os custos da produção como base da análise econômica das empresas em sistema orçamental 81

Capítulo 7. O banco, o crédito e o socialismo 88

Capítulo 8. Significado da planificação socialista. 103

Capítulo 9. A classe operária e a industrialização de Cuba 113

Capítulo 10. Discussão coletiva: decisão e responsabilidade únicas 128

CAPÍTULO 1

Soberania política e independência econômica[1]

AO COMEÇAR UMA CONFERÊNCIA DESTE GÊNERO, devo naturalmente saudar todos os ouvintes de Cuba, e lembrar a importância desta pedagogia popular que atinge diretamente todas as massas dos nossos operários e camponeses. Ela pretende explicar as verdades da Revolução, despojando-as de todos os artifícios de uma linguagem especialmente feita para dissimular a verdade.

Tenho a honra de inaugurar este ciclo de conferências; em princípio, era o nosso companheiro Raúl Castro quem deveria se encarregar disso, mas como se tratava de questões econômicas, ele me pediu para fazê-lo em seu lugar. Nós, que somos soldados da Revolução, executamos imediatamente as tarefas que o dever nos impõe, e muitas vezes nos vemos obrigados a executar certas tarefas para as quais o mínimo que se pode dizer é que não temos a formação ideal. É, sem dúvida, o caso desta vez: vou ter de traduzir em palavras simples, em ideias compreensíveis para todos, a enorme importância da questão da soberania política e da independência econômica. Deverei também explicar como essas duas expressões estão intimamente ligadas. Por vezes uma pode preceder a outra, como em certa altura aconteceu em Cuba, mas caminham necessariamente em paralelo e devem juntar-se, seja na afirmação positiva de como Cuba obteve sua independência política, e se consagra imediatamente na obtenção de sua independência econômica, seja negativamente no caso dos países que obtêm a independência política ou caminham para ela e que, não conseguindo garantir sua independência econômica, deixam enfraquecer a independência política até a perderem totalmente. Nosso dever revolucionário,

---

[1] Palestra proferida em 20 de março de 1960, no quadro das emissões Universidade Popular.

atualmente, não consiste só em pensar no nosso presente carregado de ameaças; devemos pensar também no futuro.

A palavra de ordem atual é a planificação. A programação consciente e inteligente de todos os problemas que se vão colocar a Cuba nos anos futuros. Não podemos pensar unicamente na réplica, no contra-ataque em face de uma agressão mais ou menos imediata: devemos fazer um esforço enorme para elaborar um plano que nos permita prever o futuro. Os homens da revolução devem cumprir sua missão com plena consciência; mas não basta que os homens da revolução façam isso; é preciso que todo o povo de Cuba compreenda exatamente todos os princípios revolucionários e saiba que, para além deste presente de que alguns duvidam, nos aguarda um futuro feliz e glorioso. Fomos nós, com efeito, que pusemos a primeira pedra da liberdade na América, e por isso um programa como este é importante: que todos os que tenham uma mensagem deem conhecimento dela. Isto não é novo: sempre que nosso primeiro-ministro aparece diante das câmeras é para dar uma lição magistral, como só um pedagogo de sua qualidade sabe fazer; mas também aqui planificamos nosso ensino e queremos dividi-lo em assuntos particulares, e não somente responder a questões nas entrevistas. Vamos agora ao assunto que é, como disse a vocês, soberania política e independência econômica.

Antes de falar das tarefas exigidas neste momento pela revolução, para que se tornem realidade essas duas expressões, essas duas noções que devem sempre caminhar em conjunto, é preciso defini-las e explicá-las para todos. As definições nunca são satisfatórias; têm sempre a tendência de tornar os conceitos frios e sem vida, mas é necessário dar pelo menos uma ideia geral dessas duas expressões gêmeas. Acontece que alguns não compreendem (ou não querem compreender, o que dá no mesmo) em que consiste a soberania, e ficam desvairados quando, por exemplo, nosso país assina um acordo comercial com a União Soviética (do qual tenho a honra de ter participado). A luta pela soberania tem precedentes na história da América. Sem ir muito longe, por esses dias, há exatamente dois dias, foi o aniversário da expropriação das companhias petrolíferas do México, sob o governo de Lázaro Cárdenas. Nós, os jovens, éramos todos crianças naquela época; já passaram mais de 20 anos e não nos podemos dar conta do choque que isso representou na América; mas, em todo caso, os termos e as acusações foram os mesmos que Cuba sofre hoje, os mesmos que a Guatemala sofreu não faz muito tempo e que vivi pessoalmente; são os mesmos que, no futuro, sofrerão todos os países que entrarem resolutamente nesta via da liberdade. Podemos hoje dizer, quase sem exagero, que as grandes empresas jornalísticas e os porta-vozes dos Estados Unidos tomam o ar importante e honesto de um país dirigente: basta inverter os termos. Quanto mais um dirigente é atacado, melhor sem dúvida ele é; e nós temos hoje o privilégio de sermos o país e o governo mais atacado. Este recorde não se limita à atualidade. Pode-se dizer que somos os mais atacados da história da América; mais que a Guatemala, talvez mesmo mais que o México de 1938 ou 1936, quando o general Cárdenas ordenou a expropriação. O petróleo tinha na época um papel importante na vida mexicana; o açúcar tem atualmente entre nós o mesmo papel: o de uma monocultura destinada a um mercado único.

"O país sem açúcar não é nada", exclamam os porta-vozes da reação; e pensam que, se o mercado não comprar nosso açúcar, se deixar de fazê-lo, será a ruína absoluta. Como se o mercado que compra nosso açúcar o fizesse unicamente pelo desejo de nos ajudar. Durante séculos, o poder político esteve nas mãos dos proprietários de escravos, em seguida dos senhores feudais; e para facilitar as guerras contra os inimigos e contra as revoltas dos oprimidos, delegavam suas prerrogativas a um deles, que os representava a todos, o mais resoluto, o mais cruel mesmo, que se tornava o rei, soberano e déspota que impunha progressivamente a sua vontade ao longo dos períodos históricos até a tornar absoluta.

Não vamos naturalmente recordar toda a história da humanidade e, além disso, o tempo dos reis já passou. Só restam alguns exemplos na Europa. Fulgêncio Baptista nunca pensou em se chamar Fulgêncio I. Bastava que determinado vizinho poderoso o reconhecesse como presidente, e que os oficiais de um exército, quer dizer, os donos das forças físicas, das forças materiais, dos instrumentos de morte, o respeitassem e apoiassem como o mais forte dentre eles, como o mais cruel e como o mais bem protegido por amigos estrangeiros. Agora há reis sem coroa: são os monopólios, verdadeiros donos de países inteiros e por vezes de continentes, como é o caso da África, de boa parte da Ásia e, infelizmente, também da nossa América. Por vezes, tentaram dominar o mundo. Houve Hitler, representante dos grandes monopólios alemães, que tentou impor a ideia da superioridade de uma raça no mundo por meio de uma guerra que custou a vida a 40 milhões de seres humanos.

A importância dos grandes monopólios é imensa; a tal ponto que faz desaparecer o poder político de muitas das nossas repúblicas. Há alguns anos, li um ensaio de Papini, onde seu personagem, Gog, compra uma república e diz que ela pensa ter presidentes, câmaras, exércitos e se crê soberana, enquanto, na realidade, ele a comprou. Esta caricatura é a todos os títulos justa: há repúblicas que apresentam todos os grandes traços formais para serem como essa, pois dependem da vontade onipotente da Companhia Fruteira, como outras dependem da Standard Oil ou de um outro monopólio petrolífero, como outras dependem dos reis do estanho ou dos negociantes de café (só dou aqui exemplos americanos, sem falar na África e na Ásia); por outras palavras, a soberania política é uma expressão que não se deve procurar explicar com definições formais. É preciso aprofundar mais; procurar as suas raízes. Todos os tratados, todos os códigos de direito afirmam que a soberania política nacional é uma ideia inseparável da noção de Estado soberano, de Estado moderno; senão algumas potências não se veriam obrigadas a chamar às suas colônias Estados livres associados, quer dizer, a dissimular a colonização sob outras palavras. O regime interno de cada povo, que lhe permite exercer sua soberania mais ou menos completamente, ou talvez não, deve ser uma questão que cabe a esse povo regulamentar; a soberania nacional significa primeiro o direito de um país a que ninguém intervenha em sua existência, o direito de adotar o governo ou o modo de vida que melhor lhe convenha; isso depende da sua vontade, e este povo é o único com poder de decidir se o governo deve ou não mudar. Ora, todos esses princípios de soberania política, de soberania nacional, são palavras ocas se não forem acompanhadas pela independência econômica.

Dissemos no começo que soberania política e independência econômica caminham juntas. Um país que não tem economia própria, que é penetrado por capitais estrangeiros, não pode escapar à tutela do país do qual depende; ainda menos pode impor sua vontade se ela está em contradição com os interesses do país que o domina no plano econômico. Isto não é ainda muito claro para os cubanos, e é preciso ainda resistir sobre esse ponto. As bases da soberania política, que foram lançadas no dia 1º de janeiro de 1959, só serão completamente consolidadas quando tivermos adquirido a independência econômica absoluta. E podemos dizer que estamos no bom caminho, se cada dia tomarmos uma medida que garanta nossa independência econômica. Se essa progressão for interrompida ou recuar nem que seja um passo, por medidas governamentais, tudo está perdido e regressamos inevitavelmente aos sistemas da colonização mais ou menos dissimulados, segundo as características de cada país e de cada momento social.

Tornou-se muito difícil sufocar a soberania política de um país pela violência pura e simples. Os dois últimos exemplos são o ataque impiedoso e concertado dos colonialistas franceses em Port-Said no Egito e o desembarque de tropas norte-americanas no Líbano. No entanto, os Estados Unidos já não enviam os seus *marines* tão impunemente quanto antes, e é muito mais fácil tecer uma rede de mentiras do que invadir um país pela simples razão de que os interesses econômicos de alguns monopólios haviam sido lesados. É difícil invadir um país que reclama o direito de exercer sua soberania, numa época em que os povos querem fazer ouvir suas vozes e seus votos. E não é fácil adormecer a opinião pública do país afetado e a do mundo inteiro. É preciso um grande esforço de propaganda para preparar o terreno e tornar a intervenção menos odiosa.

É exatamente o que fizeram conosco; não devemos nunca deixar de sublinhar, sempre que possível, que tudo se prepara para reduzir Cuba não importa de que modo, e que está em nossas mãos fazer que esta agressão não se realize. Eles poderão nos atacar no plano econômico tanto quanto quiserem; mas nós devemos fortalecer nossa consciência, de modo que, se quiserem nos atacar diretamente no plano material com soldados compatriotas dos monopólios ou mercenários de outros países, o preço que tenham de pagar seja tão alto que não possam fazê-lo. Eles se preparam para esmagar esta Revolução se for preciso com sangue, unicamente porque nós tomamos a via da nossa libertação econômica, porque damos o exemplo de medidas tendentes a libertar o país e a conseguir que o nível da nossa liberdade econômica se junte aos nossos níveis atuais de liberdade e maturidade políticas.

Tomamos o poder político, começamos nossa luta de libertação com este poder bem firme nas mãos do povo. O povo não pode mesmo sonhar com soberania se não existe um poder que responda a seus interesses e a suas aspirações; o poder popular não significa somente que o Conselho de Ministros, a Polícia, os Tribunais e todos os órgãos de governo devam estar nas mãos do povo; significa também que os órgãos econômicos devem passar para as mãos do povo. O poder revolucionário (ou a soberania política) é o instrumento da conquista econômica para que a soberania nacional seja plenamente realizável. No caso de Cuba, isso quer dizer que este governo revolucionário é o instrumento que deve permitir que os cubanos sejam os únicos a mandar em Cuba, quer dizer, desde a política até a disposição das riquezas de nossa terra e de nossa indústria. Não podemos ainda proclamar diante do túmulo de nossos mártires que Cuba é economicamente independente. Não pode sê-lo enquanto um barco parado nos Estados Unidos seja o bastante para paralisar uma fábrica em Cuba, enquanto uma ordem qualquer dos monopólios chegue para imobilizar um centro de trabalho. Cuba será independente quando tiver desenvolvido todas as suas capacidades, todas as suas riquezas naturais, e quando se tiver assegurado, por intermédio de acordos comerciais com o mundo inteiro, que nenhuma ação unilateral de uma potência qualquer pode impedi-la de manter seu ritmo de produção em todas as fábricas e nos campos, no quadro da planificação que estamos montando. Só podemos dizer que a soberania política, que é o primeiro passo, foi alcançada no dia em que o poder popular triunfou, no dia da vitória da Revolução, no dia 1º de janeiro de 1959.

Esta data se afirma cada vez mais como o início de um ano extraordinário na história de Cuba, mas também como o início de uma nova era. Temos a pretensão de acreditar que não se trata somente de uma nova era para Cuba, mas para toda a América. Para Cuba, este 1º de janeiro é o resultado do 26 de julho de 1953 e do 12 de agosto de 1933, tal como do 24 de fevereiro de 1895 ou do 10 de outubro de 1868.[2] Mas é também uma data gloriosa para a América; pode ser o prolongamento do 25 de maio de 1809, em que Murillo se sublevou no Alto Peru, ou do 25 de maio de 1810, data da Assembleia aberta de Buenos Aires, ou

....
[2] 10 de outubro de 1868: Grito de Yara, por Manuel de Céspedes; princípio da primeira guerra cubana de independência contra a Espanha. 24 de fevereiro de 1895: decisão por Martí, Maceo e Gomez, da segunda guerra de independência. 12 de agosto de 1933: o ditador Machado é expulso por um levante geral. 26 de julho de 1953: ataque do quartel de Moncada por Fidel de Castro.

de uma outra jornada que marca o começo da luta do povo americano pela sua independência política no princípio do século XX.

Este 1º de janeiro que tanto custou ao povo de Cuba resume as lutas de várias gerações de cubanos, desde a formação da nacionalidade, pela soberania, pela pátria, pela liberdade e pela total independência econômica e política de Cuba. Não se trata mais de reduzir esta data a um episódio sangrento, espetacular ou mesmo decisivo, mas somente a um momento da história dos cubanos, pois o dia 1º de janeiro é a data da morte do regime despótico de Fulgêncio Batista, este pequeno Weyler local, mas também a data de nascimento da verdadeira república politicamente livre e soberana que adota por lei suprema a dignidade do homem.

Este 1º de janeiro representa o triunfo de todos os nossos primogênitos mártires, José Martí, Antonio Maceo, Máximo Gómez, Calixto García, Moncada ou Juan Gualberto Gómez, precedidos por Narciso López, Ignacio Agramonte e Carlos Manuel de Céspedes, que foram seguidos por toda uma estirpe de mártires da nossa história republicana, os Mella, os Guiteres, os Frank País, os José Antopio Echevería e os Camilo Cienfuegos.

Fidel estava consciente, como sempre, desde que se entregou inteiramente aos combates por seu povo, da grandeza, do valor revolucionário, da solenidade dessa data que tornou possível o heroísmo coletivo de todo um povo; esse admirável povo cubano de onde saiu o glorioso Exército Rebelde, herdeiro do exército revolucionário que tinha-se sublevado contra a Espanha. É por isso que Fidel sempre gosta de comparar a obra a empreender com aquela que teve de ser enfrentada pelo punhado de sobreviventes no momento do já legendário desembarque do *Granma*. No momento de deixar o *Granma*, eles abandonaram todas as suas esperanças pessoais; era todo um povo que devia triunfar ou fracassar. É graças a essa fé e a essa união tão íntimas entre Fidel e o seu povo que ele jamais enfraqueceu, mesmo nos momentos mais difíceis no campo, porque sabia que a luta não estava limitada e isolada nas montanhas da Sierra Maestra mas que era conduzida em Cuba em todo o lado onde um homem ou uma mulher levantavam a bandeira da dignidade. Fidel sabia, como todos soubemos em seguida, que o combate que estava sendo conduzido tinha a ver com todo o povo de Cuba, como nosso combate de hoje. Ele o sublinha hoje dizendo: "Seremos todos salvos ou seremos todos aniquilados". Vocês conhecem essa frase. Todos os obstáculos para vencer são difíceis, como durante as jornadas que se seguiram ao desembarque do *Granma*; porém hoje os combatentes não mais se contam por unidades ou por dezenas, mas por milhões. Toda a Cuba se tornou uma Sierra Maestra para travar a batalha decisiva pela liberdade, pelo futuro e pela honra da nossa pátria e da América, pois ela é infelizmente a única entre os nossos países que está pronta para a luta.

A batalha de Cuba não é decisiva para a América, uma vez que, se Cuba perder a batalha, a América não a terá perdido; mas, pelo contrário, se Cuba ganhar é toda a América que terá ganho. Tal é a importância de nossa ilha, e é por isso que querem suprimir este "mau exemplo" que nós damos. Em 1956, o objetivo estratégico, isto é, o objetivo geral de nossa guerra era a derrubada da tirania de Batista, a restauração dos princípios de democracia, de soberania e de independência violados pelos monopólios estrangeiros. Desde o 10 de março,[3] Cuba não era mais do que uma caserna. O 10 de março não foi obra de um homem mas de uma casta, de um grupo de homens unidos por um determinado número de privilégios, e onde um deles, o mais ambicioso, o mais audacioso, o Fulgêncio I de nossa história, era o capitão. Essa casta obedecia à classe reacionária do nosso país, aos grandes proprietários, aos capitais parasitas, e estava aliada ao colonialismo estrangeiro. Eram bastante numerosos, toda uma série de espécimes agora desaparecidos como por magia, os políticos desonestos, os fura-greves e os príncipes do jogo e da prostituição. No dia 1º de janeiro, o objetivo estratégico fundamental da revolução nesse momento foi atingido, quer dizer, a destruição da tirania que há cerca de sete anos ensanguentava Cuba. Mas a nossa Revolução, que é uma revolução consciente, sabe que soberania política e soberania econômica estão intimamente ligadas.

A nossa Revolução não quer repetir os erros que se seguiram a 1930; liquidar simplesmente um homem, sem se dar conta de que este homem representa uma classe e um estado de coisas, e que, se não se destrói todo esse estado de coisas, os inimigos do povo inventarão um outro homem. A Revolução deve, portanto, destruir radicalmente o mal que esmaga Cuba.

Seria preciso imitar Martí, e repetir sem cessar que radical não significa outra coisa senão isto: o que vai até às raízes; radical não se aplica àquele que não vê o fundo das coisas, nem àquele que não colabora na segurança e na felicidade dos homens. Fidel deu uma nova definição: "Esta Revolução se propõe a arrancar pela raiz as injustiças", disse ele, com palavras diferentes das de Martí, mas no mesmo sentido. Depois de atingido o grande objetivo estratégico da queda da tirania e do estabelecimento do poder revolucionário nascido do povo, o novo objetivo estratégico que se apresenta a esse poder, cujo braço armado é, daqui em diante, um exército do povo, é a conquista da independência econômica, quer dizer, mais uma vez a da soberania nacional total. Ontem, os objetivos táticos de luta eram a Sierra, as planícies, Santa Clara, o Palácio, Columbia, os centros de produção que era preciso conquistar por um ataque frontal, por cerco ou pela ação clandestina.

Nossos objetivos táticos de hoje são o triunfo da reforma agrária, base da industrialização do país, a diversificação do comércio externo, a elevação do nível de vida do povo, para atingir um grande objetivo estratégico que é a libertação

....
[3] 10 de março de 1952: golpe de Estado de Batista na véspera das eleições.

da economia nacional. A frente econômica se tornou o principal cenário da luta, ainda que existam outros com uma enorme importância, tal como a instrução, por exemplo. Falamos já da importância da instrução, que nos permite formar os técnicos necessários para esta batalha. Mas isso mesmo indica que a frente econômica é a mais importante, e que a instrução se destina a fornecer os combatentes para esta luta nas melhores condições possíveis. Eu posso dizer que sou militar, militar saído do povo, que pegou em armas como tantos outros obedecendo simplesmente a um apelo, que cumpriu seu dever no momento em que era preciso e que se encontra hoje no posto que vocês sabem. Não pretendo ser um economista; simplesmente, como todos os combatentes revolucionários, estou nesta nova trincheira onde me colocaram e tenho de me inquietar mais que ninguém com a sorte da economia nacional, de que depende o destino da Revolução. Esta batalha na frente econômica é diferente das que travávamos na Sierra: aquelas eram batalhas de posições, onde o imprevisto quase nunca se produz, onde se concentram tropas e os ataques se preparam cuidadosamente. No caso presente, as vitórias são produto do trabalho, da firmeza e da planificação. É uma guerra que exige heroísmo coletivo, sacrifício de todos, e que não dura só um dia, nem uma semana, nem um mês; é uma guerra longa, tanto mais longa quanto não estudamos todas as características do terreno nem analisamos a fundo o inimigo.

Esta guerra se trava também com muitas armas; desde a contribuição dos trabalhadores de 4% de seu salário para a industrialização, até o trabalho em cada cooperativa, o estabelecimento de ramos até aqui ignorados na indústria nacional como a petroquímica, a química pesada ou a siderurgia; seu objetivo estratégico principal, vamos recordá-lo sempre, é a conquista da soberania nacional.

Para conquistar alguma coisa, devemos tomá-la de alguém; é preciso falar claro e não se dissimular atrás de palavras suscetíveis de serem mal interpretadas. O que devemos conquistar, a soberania do país, devemos arrebatá-la do monopólio. Se bem que os monopólios em geral não tenham pátria, têm pelo menos uma definição comum: todos os monopólios que se encontram em Cuba, que tiraram proveito da terra cubana, têm laços muito estreitos com os Estados Unidos. Quer dizer que nossa guerra econômica se travará com a grande potência do Norte, e que não é uma guerra simples; nosso caminho para a libertação depende da vitória sobre os monopólios americanos. O controle da economia de um país por outro diminui fatalmente a economia do país controlado.

No dia 24 de fevereiro Fidel Castro declarou à CTC:[4] "Como conceber uma revolução que esperasse dos investimentos do capital privado estrangeiro a solução dos seus problemas? Como conceber que uma revolução que reivindica os direitos dos trabalhadores, espezinhados durante tantos anos, espere soluções

----
[4] Confederação dos Trabalhadores Cubanos.

do capital estrangeiro que aparece onde existem mais lucros? Que investe não nos artigos mais necessários para o país, mas naqueles que lhe permitem, a ele, o máximo de lucros?".

A Revolução não podia, portanto, tomar esta via da exploração; era preciso encontrar uma outra. Era preciso abalar o mais irritante de todos os monopólios, o da propriedade da terra, destrui-lo, fazer passar a terra para as mãos do povo e em seguida começar a verdadeira luta. É um fato que a batalha não se travou no nível da reforma agrária. Trava-se agora e se travará no futuro, porque se os grandes monopólios tinham aqui grandes superfícies de terra não é neste domínio que são mais importantes; é na indústria química, na construção mecânica, no petróleo, é aí que o exemplo os incomoda, o mau exemplo de Cuba, como eles dizem.

Era preciso, no entanto, começar pela reforma agrária. Cerca de metade dos proprietários de terras, cubanos ou não, mas proprietários de terras cubanas, tinham 46% da superfície nacional, e 70% só possuíam 12% da superfície nacional; havia 62 mil parcelas com menos de 3/4 de *caballeria*,[5] enquanto a nossa Reforma Agrária considera que duas *caballerias* representam o número necessário para uma família de cinco pessoas poder viver em terreno de sequeiro com um mínimo de recursos. Na província de Camaguey cinco companhias açucareiras controlavam 56 mil *caballerias*, ou seja, 20% da superfície total da província.

Os monopólios detinham, por outro lado, o níquel, o cobalto, o ferro, o cromo, o manganês e todas as explorações petrolíferas. No petróleo, por exemplo, entre as concessões permitidas e requeridas, o total ultrapassava a superfície nacional: quer dizer que toda a superfície nacional estava distribuída, mais todos os grupos de rochedos, mais toda a plataforma continental cubana, por outro lado, algumas zonas eram solicitadas por duas ou três companhias ao mesmo tempo, e entravam em litígio.

Foi preciso liquidar também as relações de propriedade das companhias americanas. A especulação imobiliária foi também atingida pela redução dos aluguéis e agora pelos planos do INAV(Instituto Nacional de Ahorro y Vivienda)[6] destinados a fornecer alojamentos econômicos. Havia aqui numerosos monopólios imobiliários; mesmo que não fossem todos americanos, eram dos capitais parasitas aliados aos americanos, ainda que fosse só pela concepção ideológica da propriedade privada ao serviço de um indivíduo para a exploração de um povo. Com a intervenção dos grandes mercados e a criação dos armazéns populares, que são hoje 1.400 nos campos cubanos, pudemos parar ou pelo menos começar a parar a especulação e o monopólio do comércio interno.

----

[5] 1 *caballeria* equivale a cerca de 13 hectares e meio.
[6] Instituto Nacional de Poupança e de Habitação.

Vocês sabem como se alteram os preços dos produtos, e se há camponeses que nos escutam sabem a grande diferença entre os preços atuais praticados pelos bandidos nessa triste época em todo o campo cubano. A ação desencadeada pelos monopólios nos serviços públicos foi, pelo menos, eliminada.

Havia ainda que transpor uma das etapas importantes de nossa luta de libertação: o ataque contra o monopólio do comércio externo. Assinamos já vários acordos comerciais com diversos países, e novos países vêm sem cessar procurar o mercado cubano num absoluto pé de igualdade. De todos os acordos assinados, o mais importante é, sem dúvida nenhuma, o que negociamos com a União Soviética. Vendemos-lhe qualquer coisa de extraordinário: toda nossa cota de açúcar, sem deixar nada para o mercado mundial. Por outro lado, temos assegurada durante cinco anos uma venda anual de 1 milhão de toneladas. Naturalmente, só recebemos dólares por 20% desse açúcar, mas o dólar é apenas um instrumento de compra, não tem outro valor senão seu poder de compra, e nós, fazendo-nos pagar em produtos manufaturados ou matérias-primas, estamos simplesmente utilizando o açúcar como dólar. Alguém me dizia recentemente que a distância que separa a União Soviética de Cuba eleva consideravelmente o preço de todos os produtos que importamos. O contrato que assinamos para o petróleo deitou abaixo essas conjeturas. A União Soviética compromete-se a fornecer a Cuba um petróleo que satisfaz diversas especificações a um preço 33% inferior ao dos monopólios americanos, que estão ao nosso alcance. É isso a libertação econômica.

Há, naturalmente, quem pretenda que todas essas vendas da União Soviética são vendas políticas que só servem para incomodar os Estados Unidos. Podemos admiti-lo. A União Soviética é livre para incomodar os Estados Unidos, se tiver vontade disso; mas é a nós que ela vende o petróleo e que compra o açúcar para incomodar os Estados Unidos, e quaisquer que sejam suas intenções, não fazemos mais que vender mercadorias e não nossa soberania nacional como acontecia outrora. Vamos agora falar de igual para igual. Hoje, quando um representante de um novo país vem nos ver, fala-nos de igual para igual. Pouco importa a dimensão do país de onde vem ou a potência de seus canhões. Cuba, nação independente, tem direito de voto nas Nações Unidas. Tal como os Estados Unidos e a União Soviética. É neste espírito que foram assinados todos os acordos e que se farão todos os novos tratados comerciais; Martí tinha visto isso bem, há muito tempo, quando afirmava que a nação que compra é que comanda, enquanto a nação que vende obedece. Quando Fidel Castro explicou que o acordo comercial com a União Soviética era muito favorável a Cuba, podemos dizer que exprimia os sentimentos de todo o povo cubano. Todos nos sentimos um pouco mais livres quando soubemos que podíamos assinar acordos comerciais com quem quiséssemos; e devemos nos sentir hoje ainda bem mais livres, ao saber que esse acordo comercial que assinamos em virtude da nossa soberania é, por outro lado, um dos mais vantajosos para Cuba.

Se estudarmos os empréstimos onerosos das companhias americanas e se os compararmos ao crédito que a União Soviética nos concedeu por 12 anos a um juro de 2,5%, uma das taxas mais baixas das relações comerciais internacionais, compreenderemos sua importância. Esse crédito servirá naturalmente para comprar mercadorias soviéticas, mas é bem evidente também que os empréstimos concedidos, por exemplo, pelo Export Bank, que se diz ser um organismo internacional, servem para comprar produtos determinados aos monopólios estrangeiros. Imaginemos uma Companhia Birmanesa de Eletricidade, por exemplo. O Export Bank empresta-lhe 8, 10 ou 15 milhões de pesos. Instala em seguida os aparelhos, fornece uma energia elétrica muito cara e de muito má qualidade, atinge somas enormes e a nação tem de pagar. Tais são os sistemas de crédito internacionais, bem diferentes dos de um crédito concedido a uma nação para que esta o aproveite, para que todos os seus filhos se beneficiem dele. Seria de todo diferente se a União Soviética tivesse emprestado 100 milhões de pesos a uma de suas companhias para instalar um negócio e exportar seus dividendos para a União Soviética. Mas o que de fato se previu foi a instalação de uma grande empresa siderúrgica e de uma refinaria de petróleo, totalmente nacionais e a serviço do povo.

Por outras palavras: tudo o que pagamos representa unicamente a retribuição do que recebemos, uma retribuição justa e honesta, como vimos no caso do petróleo. Não pretendo dizer que à medida que assinarmos outros contratos, da mesma maneira franca com que o governo explica todos os seus negócios, possamos sempre vos anunciar preços tão extraordinariamente baixos para todas as mercadorias que comprarmos, para todos os produtos manufaturados. O *Diario de la Marina*,[7] é preciso ainda citá-lo, opõe-se a isso. Infelizmente não tenho comigo um artigo que dá cinco, seis ou sete razões para criticar esse acordo comercial. Elas são todas falsas, naturalmente; falsas na interpretação, o que já é grave, mas falsas também na informação. Declara, por exemplo, que esse acordo significa que Cuba se compromete a apoiar as manobras soviéticas nas Nações Unidas. A realidade é que numa declaração, a todos os títulos independentemente deste trabalho e que foi redigida de comum acordo, Cuba se compromete a lutar nas Nações Unidas pela paz. Por outras palavras, se acusa Cuba, como Fidel já explicou, de fazer exatamente aquilo para que as Nações Unidas foram criadas, segundo seus atos de constituição; e todas as outras questões econômicas que foram muito bem refutadas por nosso ministro do Comércio apresentam lacunas muito graves e mentiras grosseiras. A mais grave diz respeito aos preços. Sabemos

....
[7] Porta-voz tradicional da burguesia cubana, o *Diario de la Marina*, que viria a ter de se mudar para Miami.

que o preço do açúcar no mercado mundial depende naturalmente da oferta e da procura. O *Diario de la Marina* diz que se esse milhão de toneladas que Cuba vende for reposto no mercado pela União Soviética, Cuba não terá ganho nada com isso. É falso, pela boa e simples razão de que o acordo comercial especifica que a União Soviética não pode exportar açúcar senão para os países que habitualmente o compram. A União Soviética importa açúcar, mas exporta também açúcar refinado para determinados países limítrofes que não têm refinarias, tais como o Irã; a União Soviética continuará naturalmente a servir os países para os quais exporta com frequência, mas nosso açúcar será integralmente consumido no quadro dos planos de acréscimo do consumo popular deste país.

Se os americanos estão muito inquietos (o próprio Congresso diz que a União Soviética os alcança), se eles próprios acreditam na União Soviética, por que não acreditaríamos nós quando ela disse, e além disso assinou, que este açúcar se destina ao consumo interno? E por que um jornal semeia a dúvida, dúvida que corre o risco de alastrar e de prejudicar o preço do açúcar? É simplesmente o papel da contrarrevolução. O papel daqueles que não se resignam a perder seus privilégios. Por outro lado, no que se refere ao preço do açúcar cubano, o Lincoln Price[8] mereceu menção especial por parte dos adversários: pretendem que estes 100 ou 140 milhões de pesos que os Estados Unidos pagavam a mais pelo açúcar eram uma oferta a Cuba. Não é exato: Cuba assinou desse modo acordos aduaneiros que faziam que, para cada peso que os americanos gastavam em Cuba, Cuba gastava aproximadamente 1 peso e 15 cêntimos. O que significa que, em dez anos, 1 bilhão de dólares passaram das mãos do povo cubano para as dos monopólios americanos; não temos razão para fazer ofertas a quem quer que seja, mas gostaríamos mais que esse dinheiro fosse do povo cubano para o povo americano; enquanto os monopólios não são mais do que instrumentos de opressão para impedir que os povos escravizados do mundo tomem os caminhos de sua libertação. Os modestos empréstimos que os Estados Unidos fizeram a Cuba custaram-nos 61 cêntimos de juro para cada peso, isso a curto prazo; nem dizemos o que nos custaria um empréstimo a longo prazo como este que obtivemos da União Soviética. É por isso que seguimos o ensinamento de Martí e procuramos diversificar o máximo possível nosso comércio externo, sem nos ligarmos a nenhum comprador, e diversificar também nossa produção interna, de modo a poder servir mais mercados.

Cuba caminha em frente. Vivemos uma época verdadeiramente planetária da nossa história, um período em que todos os países da América têm os olhos fixos sobre esta pequena ilha e em que os governos reacionários responsabilizam

....

[8] Preço garantido por acordo, pelo governo dos Estados Unidos, para a compra da "cota" anual de açúcar a Cuba.

Cuba por todas as manifestações de indignação popular que despontam em qualquer lugar da América. Afirmamos bem que Cuba não exporta revoluções; as revoluções não se exportam. Elas se produzem num país no momento em que as contradições são irresolúveis. Mas Cuba exporta efetivamente seu exemplo. O de um pequeno povo que desafia as leis da falsa ciência chamada Geopolítica e que mesmo na cara do monstro se permite fazer ouvir seus gritos de liberdade. É seu crime e é o exemplo que os imperialistas temem. Eles querem nos esmagar porque nos tornamos uma bandeira para a América Latina; querem nos aplicar a doutrina Monroe; foi apresentada ao Senado uma nova versão mas creio que, felizmente para os próprios Estados Unidos, ela não passou.

Tive oportunidade de ler seus argumentos, que denotavam uma mentalidade de tal modo primitiva, de tal modo colonial, que, creio, teria sido uma vergonha para o povo americano a aprovação dessa proposta. Essa moção ressuscitava a doutrina Monroe, com maior rigor. Lembro-me perfeitamente de um de seus parágrafos: "Por estes motivos, a doutrina Monroe estabelece claramente que nenhum país estrangeiro à América pode reduzir à escravatura os países americanos". Em outras palavras, os países americanos, eles sim, podem. O texto prossegue: "[...] o que se apresenta aqui é uma versão suplementar, para intervir sem necessidade de fazer apelo à OEA"; para, em seguida, colocar a OEA perante um fato consumado. Tais são os perigos políticos que traz a nossa campanha econômica para a libertação. O último problema é o do investimento das nossas divisas, do investimento do esforço nacional para atingir rapidamente os nossos objetivos econômicos. Em 24 de fevereiro, Fidel Castro declarou aos trabalhadores ao receber os 4% simbólicos: "[...] quando a revolução chegou ao poder, as reservas não podiam diminuir mais e o nosso povo estava habituado a uma importação de bens de consumo superior ao que exportava.".

Um país nessa situação deve poupar ou receber capital estrangeiro. Estávamos decididos a importar capital privado. Quando se trata de capital privado nacional, o capital encontra-se no país. Mas quando se trata de importação porque temos necessidade de capitais e porque a solução preferível é o investimento de capitais estrangeiros, os motivos não são a generosidade nem a nobre caridade, nem o desejo de ajudar os povos. O capital estrangeiro se mobiliza com o fim de ajudar-se a si próprio. O capital privado estrangeiro é o capital em excesso num país, que se transporta para um outro país onde os salários são mais baixos, as condições de vida e as matérias-primas mais baratas, de modo a obter melhores lucros. Não é a generosidade que suscita o investimento de capital privado estrangeiro, mas o lucro, e a tese que sempre se defendeu aqui era a do lucro do capital privado para resolver os problemas da industrialização. Investiremos 300 milhões na agricultura e na indústria. É a batalha pelo desenvolvimento de nosso país e pela cura de seus males. É evidente que não é uma via fácil. Vocês sabem que somos ameaçados, que se fala de represálias econômicas, de manobras, de suprimir nossas cotas etc., quando tentamos vender nossos produtos. Significará isso que devemos recuar? Abandonar toda a esperança de melhoria? Apenas porque nos ameaçam? Qual é a via justa para o povo? A quem prejudicamos nós, querendo progredir? Queremos nós viver do trabalho de outros povos? Que queremos nós, os cubanos? Não queremos viver do suor dos outros, mas do nosso.

Não queremos viver da riqueza dos outros, mas da nossa, para satisfazer todas as necessidades materiais de nosso povo e, a partir daí, resolver os outros problemas do país: instrução, higiene, tempo livre. Como vamos aplicar todos esses milhões, é o que vos explicará um outro companheiro numa de suas palestras; ele vos mostrará também porque (não somente como) vamos aplicá-los na via que escolhemos.

Agora, para os fracos, para aqueles que têm medo, para aqueles que pensam que nos encontramos numa situação única na história, numa situação desesperada; para aqueles que acreditam que, se não paramos ou se não recuamos, estamos perdidos, quero citar uma breve anedota de Jesús Silva Herzog, economista mexicano, autor da lei de expropriação do petróleo, e que fala precisamente da época vivida pelo México quando prosperava igualmente o capital internacional; isso resume tudo o que se diz de Cuba. Ei-la: "Bem entendido, contava-se que o México era um país comunista. O fantasma do comunismo apareceu". O embaixador Daniels, no livro que já citei numa das conferências anteriores, conta que fez uma viagem a Washington durante esses dias difíceis, e que um senhor inglês lhe falou do comunismo mexicano. Daniels respondeu: "Pois bem, eu, no México, o único comunista que conheço é Diego de Rivera; mas o que é um comunista?", perguntou logo ao senhor inglês. Este, que estava sentado numa poltrona confortável, refletiu, levantou-se e tentou uma definição. Essa não o satisfazia. Tornou a sentar-se, refletiu de novo, começou a transpirar, levantou-se de novo, e deu uma nova definição. Essa também não lhe convinha. A manobra continuou até que, finalmente, desesperado, ele disse a Daniels: "Caro senhor, um comunista é alguém que nos choca.".

Podeis ver como as situações históricas se repetem; estou certo de que nós chocamos bastante os outros. Parece que Raúl e eu temos a honra de figurar entre os mais chocantes..., portanto, as situações históricas se repetem. Tal como o México nacionalizou o petróleo e pôde prosseguir (e Cárdenas é considerado o maior presidente que o país jamais teve) também nós prosseguiremos. Os que estão do outro lado nos chamarão por toda a espécie de nomes; terão sempre o que dizer; resta que trabalhemos para o bem do povo, que não recuemos, e que os expropriados, os confiscados, aqueles a quem a Revolução espoliou, não voltem...

CAPÍTULO 2

Sobre a Conferência de Genebra para o Comércio e o Desenvolvimento

Imediatamente após o fim da Segunda Guerra Mundial, as potências imperialistas trataram de organizar a divisão do mundo. Nessa altura, estava em causa fundamentalmente a preservação dos interesses econômicos dos Estados Unidos, a potência mais forte e a única que tinha saído incólume da guerra; foi assim que se formou o Fundo Monetário Internacional e o Banco Internacional de Reconstrução e Desenvolvimento e que, depois, no ano de 1947, se assinou a Carta de Havana e, logo depois, o Acordo Geral de Tarifas Aduaneiras e Comércio, cujas iniciais em inglês constituem a sigla GATT, nome pelo qual é conhecido.

O GATT foi a primeira tentativa de sistematização das relações por parte dos países da área capitalista, sob o signo do dólar e na base da exploração dos povos oprimidos. Com o correr do tempo, com o nascimento de novas nações e o desenvolvimento da consciência nacional em todo o mundo, o GATT foi se convertendo aos poucos no maior instrumento dos países desenvolvidos contra a hipotética inflação de produtos de outras áreas nos seus mercados. Tudo isso no quadro de uma exploração imperialista cada vez mais acentuada e de uma luta interimperialista que foi passando por distintas etapas e processos. Por seu lado, o bloco socialista se consolidava, e surgia o bloco dos países afro-asiáticos, que em Bandung dava a primeira prova de sua potencialidade como nova força mundial.

No primeiro momento, a discussão nas Nações Unidas versava sobre a necessidade de uma conferência de comércio, conferência que deveria regular todas as difíceis relações entre um sem número de países com diversos graus de desenvolvimento e distintos regimes sociais. No entanto, por pressão dos países dependentes, hoje publicamente chamados "em desenvolvimento", a conferência de comércio adquiriu um novo título: Conferência Mundial para o Comércio e Desenvolvimento. O desenvolvimento passou a ser um tema capital na análise das relações entre países de diferentes graus de crescimento econômico.

A troca desigual, cuidadosamente mascarada debaixo da apologia das relações capitalistas, veio à superfície e se transformou no principal assunto do momento.

Ao mesmo tempo, como fenômeno novo na época, o bloco dos países latino--americanos reunia-se em Brasília para acordar em toda uma série de questões que tinham mais de um propósito, mas que se dirigiam fundamentalmente para exigir dos Estados Unidos e de outras potências imperialistas maior abertura de mercados e respeito pelo preço das matérias-primas e produtos de exportação desses países.

Ao se iniciar a Conferência, podiam-se detetar claramente os diversos grupos de países e as suas distintas atitudes. O grupo dos países socialistas estava com a nítida ideia de tratar de impulsionar ao máximo o comércio Leste-Oeste e de procurar um acordo com os países do grupo dos chamados subdesenvolvidos, absolutamente majoritário; por outro lado, os países imperialistas estavam divididos em três polos de atração bem diferenciados: por um lado, os Estados Unidos, por outro, a Inglaterra, e, independente desses, ainda que com diversas ligações financeiras, a França e o Mercado Comum Europeu. Os distintos países da Europa pertencentes ao mercado inglês seguiam aproximadamente a sua linha, os do Mercado Comum Europeu, a linha francesa, e os países sul-americanos, ainda que com sérias contradições, mantinham uma certa fidelidade aos Estados Unidos; por outro lado, havia grupos de países africanos que seguiam bastante fielmente as diretrizes da Inglaterra ou da França, outros, respondiam aos Estados Unidos e havia ainda um determinado número de países com posição independente.

Uma característica digna de nota é o controle exercido pelos imperialistas por meio de novas formas de exploração como o neocolonialismo; prova disso são as exclusões seletivas. A República Federal da Alemanha, a Coreia do Sul, o Vietnã do Sul e Formosa recordavam com sua presença as grandes injustiças internacionais: a ausência da República Popular da China, da República Democrática Alemã, da República Popular da Coreia e da República Democrática do Vietnã. Os imperialistas continuam, na prática, dominando as conferências internacionais e podem fazer excluir alguns países socialistas enquanto fazem entrar pela porta dos fundos os seus sócios de aventura.

Os problemas apresentados à Conferência são de tal magnitude que é difícil estabelecer como possam ser conjugados para que surja daí uma declaração que satisfaça a todos e que por todos seja assinada e cumprida. Mais ainda, nos parece impossível que se consiga isso, a menos que se chegue a algumas soluções de compromisso de modo que o documento não diga nada, como aliás é tradicional nesse tipo de reunião.

A razão de ser do imperialismo está exatamente na troca desigual que mantém com suas colônias econômicas; pedir-lhe que renuncie a isso, é quase o mesmo que pedir-lhe que renuncie ao sistema e ao imperialismo; isso não é pedido que se faça, é algo que tem de ser conquistado.

A troca desigual surge como uma contradição principal, mas em face dela observaram-se diferentes atitudes de países imperialistas: a França, com uma poderosa força de países africanos, antigas colônias que a apoiam e que são seus aliados integrados no mercado preferencial, apareceu oferecendo, em termos vagos, aumento nos preços de matérias-primas e maior participação de subdesenvolvidos no mercado; não se pode prever que tipo de concessões poderia fazer, mas é evidente que algo de concreto deveria oferecer em troca de outros pedaços apetecíveis, por exemplo, a América Latina. A Inglaterra, por seu lado, aparentando uma atitude supostamente aberta, recebia com simpatia os pedidos de suas próprias colônias econômicas para não ceder na questão dos tratados preferenciais, e por outro lado propunha um programa bastante parecido ao chamado Plano de Ação do GATT, tentativa imperialista de rejuvenescer um organismo já condenado historicamente.

Os Estados Unidos não tinham nada para oferecer, e como consequência lógica, prosseguindo como a política arrogante e desumana de seus dirigentes, jogou água fria sobre as esperanças dos dóceis amigos latino-americanos.

Tudo isso é uma consequência lógica do desenvolvimento histórico; a América Latina começou faz tempo sua etapa capitalista, embora ainda existam internamente nos diversos países estruturas feudais que coexistem com as capitalistas. As suas classes dirigentes têm muitas afinidades com os Estados Unidos, mas existe entre eles um conflito difícil de sanar: as classes dirigentes da América Latina veem-se envolvidas no problema de encontrar uma forma de restituir algo daquilo que extraem do povo de cada país, para conseguirem melhorar suas condições gerais de vida e evitarem o eclodir de guerras revolucionárias; nessa encruzilhada, e não querendo dar o que acreditam que lhes pertence, recorreram aos Estados Unidos para estes lhes cederem uma parte de seus enormes lucros – os Estados Unidos ofereceram condições pelas quais não eram os seus monopólios a perder, e sim os intermediários do país colonizado e, definitivamente, o povo. Essa a filosofia da Aliança para o Progresso. Essa contradição não explode dada a presença do proletariado, que cada vez luta mais abertamente pela tomada de poder político, e em face da qual as burguesias importadoras ou industriais e as burguesias monopolistas estrangeiras formam uma frente comum com uma visão ilustrada pelo exemplo da Revolução Cubana, que lhes dá uma imagem bastante fiel do futuro que as espera quando o povo toma o poder em suas mãos.

Este nó de contradições violentas, que não podem ultrapassar determinados limites, é o que traduz as relações entre os mais importantes países da América

Latina e os Estados Unidos, ainda que se deva reconhecer que desta vez, e seguindo as decisões de Brasília e da chamada Carta de Alta Gracia, quase todos os países da América Latina apresentaram uma série de reivindicações de tipo econômico que em certa medida configuraram um único todo da América Latina, salvo o caso especial de Cuba, que fez observações à resolução de Brasília e foi excluída de Alta Gracia.

Poucos dias depois de iniciada a Conferência, um golpe militar derrubou o regime constitucional brasileiro, e imediatamente se viram os resultados de golpes bem planejados e nada casuais dos Estados Unidos durante esse tempo. Não só caiu o Brasil, mas também o Panamá, diante de um brutal ultimato, teve de aceitar as condições norte-americanas. Poucos dias depois, no Laos, dá-se uma tentativa de golpe de Estado cujos resultados definitivos ainda não se conhecem, e em Cuba começam novas agressões, enquanto em Genebra o chamado Kennedy Round, sistema de negociações de tarifas aduaneiras no quadro do GATT, se inicia paralelamente à Conferência de Comércio, sem a intervenção de Cuba nem de nenhum país socialista; são passos consequentes de uma política brutal, mas exata e consciente. O eficiente lavrador de Dallas, menos florido que seu antecessor assassinado, vai, não obstante, apertando os parafusos necessários para alcançar vários objetivos, com a finalidade de perpetuação do imperialismo e, talvez, de liquidação do socialismo; como objetivos imediatos pretende manter todas as suas colônias econômicas e expandir seu domínio pelos territórios coloniais de outras potências imperialistas na Ásia e na África. A morte de Kennedy significa o passo para uma nova política, que não é distinta em seus termos gerais – porque antes de tudo os imperialistas são imperialistas – mas sim no grau de agressividade que acarreta. Enquanto Kennedy parecia ter algumas ideias consequentes sobre coexistência pacífica, os atuais grupos monopolistas são mais céticos e estão dispostos a caminhar à beira da guerra, como preconiza Foster Dulles, para alcançarem seus objetivos. Nessa primeira etapa, os mais claros objetivos de contenção contra o socialismo são o Vietnã do Sul e Cuba, e é nesses dois pontos que se poderá produzir uma faísca que, em última análise, adquirirá proporções de conflagração mundial.

Depois de o Brasil cair, os países latino-americanos prudentemente bateram em retirada para posições menos comprometidas e o Brasil, que era um dos países subdesenvolvidos mais fortes e beligerantes, começou a falar com outra voz.

O imperialismo norte-americano assegura a lealdade de suas colônias econômicas, se necessário, recorrendo às armas. Os franceses e ingleses, menos fortes, e portanto com mais necessidade de manobra, oferecem algumas ninharias a seus ainda incautos interlocutores, em troca de mercados. No entanto, a atitude básica não pode ser diferente; imperialismo sem mercado é imperialismo caduco, imperialismo morrendo, e isso eles bem sabem; mas não se trata só de mercado na acepção comercial da palavra – para que o imperialismo possa exercer sua ação, esse mercado deve ser dependente e, até certo ponto, exclusivo, tal como o dos Estados Unidos na América Latina, o da Inglaterra na Commonwealth, o da França na comunidade africana que a apoia. Os países subdesenvolvidos rapidamente se agrupam seguindo basicamente essas três linhas, deixando, como dissemos, um grupo de países independentes. Isso tornou muito difícil o estabelecimento de uma linha de ação comum e tornou infrutíferos todos os esforços de alguns países independentes, dos países socialistas e do secretário-geral da Conferência, dr. Prebisch, claramente do lado dos deserdados. Desse modo, tornou-se difícil alcançar a forte unidade natural que deveria existir entre os países socialistas e os países subdesenvolvidos. A linha geral de ambas as estratégias, a do imperialismo e a do socialismo, se chocaria em torno do problema da unidade. Aos socialistas convém a unidade com todos os subdesenvolvidos contra os imperialistas, e a estes convém a desunião e a consolidação de blocos dependentes. Apesar das contradições entre os imperialistas por causa dos mercados, houve um entendimento tácito para não permitir que os desejos dos países dependentes convergissem numa só frente de vontades.

Nesta primeira etapa, pode-se dizer que os países imperialistas conseguiram impedir uma plena identidade de ação entre os países socialistas e os subdesenvolvidos. Isso, naturalmente, conduz a conferência a um beco se possível ainda mais sem saída do que se se tivesse podido chegar a um entendimento mais ou menos completo entre os países discriminados e os explorados. Muito provavelmente a conferência não deu senão uma sensação de frustração a todos aqueles que acreditaram em alguma possibilidade de melhoria das razões de troca e de melhoria geral das relações entre países com níveis de desenvolvimento tão diferentes, como os monopolistas e suas colônias.

A Organização Internacional de Comércio, proposta por alguns países, não deu até agora sinais de vitalidade, e fala-se insistentemente de fórmulas de compromisso.

Os imperialistas não cederam nada; os subdesenvolvidos reclamam com igual veemência concessões de qualquer país desenvolvido, independentemente de seu sistema social; além disso, há um grupo de países que, com determinados fins ou não, realizam a tarefa de acalmar os ânimos e conciliar as tendências, o que se traduz necessariamente em mais uma vantagem para os imperialistas, que mantêm posições irredutíveis e contrárias a todo o direito; qualquer concessão só faz que os imperialistas cedam algo do terreno que não lhes pertence e que os que pedem cedam algo do que com todo o direito lhes pertence, mas que lhes foi usurpado.

Seria longo e demasiado meticuloso para o âmbito destas notas apontar, uma a uma, as atitudes de cada um dos diferentes países, pois naturalmente existiram variantes em cada grupo.

A posição de Cuba foi bem clara, apresentando-se primeiro sua posição sob vários ângulos: o de um país subdesenvolvido das Caraíbas e, portanto, latino-americano; o de um país que está na etapa de construção do socialismo; e o de um país agredido – e falou a partir de todos eles.

Sua ação durante a conferência se centrou em tratar de conciliar as posições dos países subdesenvolvidos para formar uma frente o mais ampla possível contra o imperialismo. Nessa tarefa, Cuba teve muitas vezes de prescindir de encabeçar iniciativas próprias; viu-se discriminada do grupo latino-americano, isolada em seu hábitat natural, até certo ponto ignorada pelos países da Ásia e da África – apesar da simpatia geral de que goza nossa Revolução em todo o mundo subdesenvolvido – e só teve o apoio e a amizade incondicional dos países socialistas e de um ou outro país-irmão, como a Argélia.

Nossa delegação entendeu que, ainda sabendo que nada se podia conseguir com essa conferência, era importante fixar o mais claramente possível os pontos de vista de todos os países em desenvolvimento e esclarecer os verdadeiros direitos dos povos e dos governos que os dirigem. Se, como era de esperar, tudo se reduziu a declarações vagas, a Conferência teve de qualquer modo um grande mérito: o de permitir que se reunisse uma tão grande e heterogênea quantidade de países subdesenvolvidos, que sentissem a comunhão dos interesses que os caracteriza e a magnitude dos problemas que devoram suas economias. Ficará para uma etapa posterior a tradução desse conhecimento mútuo num plano de ação coordenada entre todos os países em desenvolvimento que não tenham lacaios como governantes, e onde Cuba desempenhará seu papel.

O esforço de países socialistas para esclarecer uma série de problemas de comércio não será em vão. Mesmo quando não dá frutos, é um antecedente para o amanhã. Mesmo que os imperialistas joguem com as esperanças dos povos e excluam especificamente países enormemente representativos do mundo, as forças anticoloniais despertam em ritmo crescente. Ouvir como os delegados de algumas pequenas repúblicas da África Negra contestavam as afirmações dos representantes norte-americanos nas comissões, em tom irônico e desdenhoso, constituiu um estímulo para nós; a nossa pequena espada, no exército dos que lutam contra os poderes imperialistas, abriu uma brecha no campo inimigo e ensinou que o imperialismo também tem seu calcanhar de aquiles e que estamos noutra época do mundo, em que os barcos norte-americanos já não podem assomar à boca dos portos para ditar suas leis com uma salva de canhão.

Cuba desempenhou seu papel com dignidade, salvou seu prestígio de país revolucionário que apregoa suas verdades aos quatro ventos, reafirmou sua posição socialista e não teve medo de se autodenominar subdesenvolvida, em face de timoratas definições de país em desenvolvimento com que nos batizam.

Na trincheira de Genebra, por muitas razões, estéril, mas rica em experiências e ensinamentos para todos, a Revolução Cubana mostrou uma vez mais o papel que lhe cabe desempenhar na luta pela emancipação latino-americana e de todos os países subdesenvolvidos do mundo.

CAPÍTULO 3

Comunicação de Ernesto Che Guevara – Ministro da Indústria e Chefe da Delegação de Cuba – à I Conferência para o Comércio e o Desenvolvimento

(GENEBRA, 1964)

FALA-VOS A DELEGAÇÃO DE CUBA, país insular situado na boca do Golfo do México, no mar das Caraíbas. Fala-vos apoiada nos múltiplos direitos que tem para vir a esta assembleia proclamar sua verdade; fala-vos, em primeiro lugar, como país que está realizando a gigantesca experiência da construção do socialismo; fala também como país pertencente ao conjunto das nações latino-americanas, ainda que decisões antijurídicas o tenham separado transitoriamente da organização regional, em virtude da pressão e ação dos Estados Unidos; a relação geográfica indica que vos fala um país subdesenvolvido que sofreu na carne os efeitos da exploração colonialista e imperialista e que viveu a amarga experiência da sujeição de seus mercados e de sua economia ou, o que é o mesmo, da sujeição de todo seu aparelho governamental a um poder estrangeiro; Cuba fala, além do mais, na sua condição de país agredido.

Foram todas essas características que colocaram nossa nação no primeiro plano das notícias do mundo inteiro, apesar de sua pequenez, de sua escassa importância econômica e de sua pouca população.

Nesta conferência, Cuba exprimirá sua opinião por distintos prismas que caracterizam sua situação peculiar no mundo, mas baseará a análise em sua condição mais importante e positiva: a de um país que constrói o socialismo. Em sua condição de latino-americana e subdesenvolvida, se unirá às pretensões principais dos países-irmãos, e em sua condição de agredida, denunciará desde o primeiro momento as maquinações tramadas pelo aparelho coercitivo do poder imperialista dos Estados Unidos.

Usamos como introdução estas palavras explicativas, porque nosso país considera imprescindível definir exatamente o alcance da conferência, seu significado e sua possível importância.

Estamos nesta reunião decorridos dezessete anos da realização da Conferência de Havana, na qual se pretendia fazer um ordenamento do mundo de acordo com os interesses das potências imperialistas em competição. Apesar de Cuba ter sido sede daquela conferência, nosso governo revolucionário não se sente minimamente comprometido com o papel desempenhado por um governo dependente de interesses imperialistas, tampouco pelo conteúdo ou alcance da chamada Carta de Havana.

Nessa Conferência, e na anterior, de Bretton Woods, criou-se uma série de organismos internacionais cuja ação tem sido nefasta para os interesses dos países dependentes. E, ainda que os Estados Unidos não tenham ratificado a Carta de Havana, por considerarem-na demasiado "atrevida", os diversos organismos financeiros e de crédito internacionais e o Acordo Geral de Tarifas Aduaneiras e Comércio (GATT, General Agreement on Tariffs and Trade), resultados concretos daquelas duas reuniões, demonstraram ser armas eficientes para a defesa de seus interesses e, mais ainda, armas de ataque a nossos países.

Esses são temas de que trataremos amplamente mais adiante.

Hoje, o programa da Conferência é mais vasto e realista, porque aborda, entre outros, três dos problemas cruciais do mundo contemporâneo: as relações entre o campo dos países socialistas e o dos países capitalistas desenvolvidos; as relações entre os países subdesenvolvidos e as potências capitalistas desenvolvidas; e o grande problema do desenvolvimento do mundo dependente.

O número de participantes nesta nova reunião excede largamente o da efetuada em 1947, em Havana. Não podemos, no entanto, dizer com inteira justiça que esta seja uma assembleia dos povos do mundo. As estranhas interpretações jurídicas que determinadas potências manejam com impunidade fazem que não estejam nesta reunião países de grande significado mundial, como a República Popular da China – único e legítimo representante do povo mais numeroso da humanidade –, e que, em seu lugar, ocupe este assento uma falsa representação daquele povo que, para maior contradição, possui, inclusive direito de veto nas Nações Unidas.

É de se salientar também que faltam aqui as representações da República Democrática da Coreia e da República Democrática do Vietnã, governos autênticos de seus povos, enquanto estão presentes os representantes de governos das partes sul de ambos os Estados divididos e, aumentando as contradições, note-se que, enquanto a República Democrática Alemã é injustamente preterida, a República Federal da Alemanha, por via paralela, assiste a esta conferência e obtém uma vice-presidência. E, enquanto as repúblicas socialistas citadas não estão representadas aqui, o governo da África do Sul, que viola a Carta das

Nações Unidas com sua política desumana e fascista de *apartheid*, sancionada em suas próprias leis e que desafia as Nações Unidas se negando a dar informações sobre os territórios cuja posse mantém, ostenta um lugar nesta sala.

Todas essas anomalias fazem que a reunião não possa ser definida como assembleia dos povos do mundo; é nosso dever assinalá-lo e chamar a atenção dos presentes, pois, enquanto se mantiver esse estado de coisas e a justiça for manipulada por uns quantos interesses poderosos, as interpretações jurídicas continuarão sendo feitos de acordo com a conveniência dos poderes opressores e será difícil eliminar a tensão reinante, o que por certo implica perigo para a humanidade. Salientamos estes fatos, também, para chamar a atenção para a responsabilidade que pesa sobre nossos ombros e para as consequências que podem advir das decisões que aqui se tomam. Um só momento de debilidade, de vacilação ou de compromisso pode manchar nossas ações em face da história futura, do mesmo modo que, como países-membros das Nações Unidas, somos de certo modo cúmplices e de certo modo temos as mãos manchadas com o sangue de Patrice Lumumba, primeiro-ministro do Congo, assassinado miseravelmente quando as tropas das Nações Unidas presumivelmente garantiam a estabilidade de seu regime; com a agravante de que tinham sido chamadas expressamente pelo mártir Lumumba.

Não devemos permitir nesta conferência fatos com tal gravidade, de teor semelhante ou com significado negativo para as relações entre os povos, nem fatos que possam comprometer nosso prestígio como nações soberanas.

Vivemos num mundo que está profunda e antagonicamente dividido em agrupamentos de nações que representam tendências econômicas, sociais e políticas muito diferentes. Nesse mundo de contradições, a que surge como fundamental em nossa época é a que opõe os países socialistas aos países capitalistas desenvolvidos. Uma das razões desta conferência é o fato de a Guerra Fria, concebida pelo Ocidente guerreiro, ter demonstrado sua falta de realismo político. Aquela contradição, apesar de ser a mais importante, não é, no entanto, a única; há também a contradição entre os países capitalistas desenvolvidos e os povos subdesenvolvidos do mundo, e nesta Conferência para o Comércio e o Desenvolvimento essa contradição tem também importância fundamental. Além disso, existem as próprias contradições entre os distintos países capitalistas desenvolvidos, que lutam incessantemente entre si pela repartição do mundo e pelo domínio estável dos mercados que lhes permita amplo desenvolvimento, infelizmente baseado na exploração e na fome do mundo dependente.

Essas contradições são importantes; refletem a realidade atual do planeta e representam o perigo de novos confrontos que, na era atômica, podem adquirir caráter mundial.

Nesta conferência igualitária, em que todas as nações podem exprimir pelo voto a esperança de seus povos, se pudermos chegar a uma solução satisfatória para a maioria, teremos conseguido dar um passo único na história do mundo. Não obstante, muitas forças se movem para que isso não suceda; a responsabilidade das decisões a tomar recai sobre os representantes dos povos subdesenvolvidos; se todos os povos que vivem em condições econômicas precárias, dependentes de potências estrangeiras em setores vitais de sua economia e de sua estrutura política e social, forem capazes de resistir à tentação das ofertas feitas friamente, mas no calor das circunstâncias, e imporem aqui um novo tipo de relações, a humanidade terá dado um passo adiante.

Se, pelo contrário, os grupos de nações subdesenvolvidas, respondendo ao canto de sereia dos interesses das potências desenvolvidas que se aproveitam de seu atraso, entrarem em lutas estéreis entre si na disputa pelas migalhas do festim dos poderosos do mundo e romperem a unidade de forças numericamente superiores, ou não forem capazes de impor compromissos claros, desprovidos de cláusulas de escape sujeitas a interpretações caprichosas ou simplesmente violáveis à vontade dos poderosos, nosso esforço terá sido em vão e as deliberações desta conferência se traduzirão em documentos inócuos e arquivos em que a burocracia internacional guardará ciosamente toneladas de papel e quilômetros de fitas magnéticas em que se registram as opiniões dos membros. E o mundo continuará tal como está.

Assim se caracteriza esta Conferência, e nela deverão se debater, não só os problemas diretamente ligados ao domínio dos mercados e à deterioração nas razões de troca, mas também à causa mais importante da existência desta situação no mundo – a sujeição das economias nacionais dos países dependentes a outros mais desenvolvidos que, mediante investimentos, dominam os pontos principais de cada economia.

Entendemos claramente, e com toda a franqueza o dizemos, que a única solução correta para os problemas da humanidade no momento atual é a supressão absoluta da exploração dos países dependentes por parte dos países desenvolvidos, com todas as consequências que esse fato implica.

Viemos aqui plenamente conscientes de que se trata de uma discussão entre os representantes dos povos que suprimiram a exploração do homem pelo homem, os representantes dos países que a mantêm como filosofia de sua ação e os representantes do grupo majoritário dos que a sofrem; e o diálogo deve ser estabelecido a partir dessa realidade.

Mesmo quando nossa convicção for tão firme que não existam argumentos para modificá-la, estamos dispostos ao diálogo construtivo no contexto da coexistência pacífica entre países de distintos sistemas políticos, econômicos e sociais. A dificuldade está em que todos saibamos aquilo a que podemos aspirar sem ter de o conseguir pela força e que saibamos quando se deve ceder um privilégio antes que se venha a perdê-lo inevitavelmente pela força. Por esse estreito e escabroso desfiladeiro deverá transitar a conferência; os desvios nos conduzirão a terreno estéril.

Anunciamos, ao iniciar estas palavras, que Cuba falaria aqui também na sua qualidade de país agredido. Todos conhecem os últimos fatos que tornaram nosso país alvo da ira dos imperialistas e que, desde antes de Playa Girón até hoje, o convertem em objeto de todas as repressões e violações inimagináveis do direito internacional. Não foi por acaso que Cuba se tornou o cenário principal de um dos fatos que puseram em grave perigo a paz no mundo, em consequência de atos legítimos que executou apoiada no direito de adotar as normas que a si mesma traçara para o desenvolvimento de seu próprio povo.

As agressões dos Estados Unidos a Cuba se iniciaram praticamente após o triunfo da Revolução. Em sua primeira etapa se caracterizaram por ataques diretos aos centros produtores cubanos.

Posteriormente, essas agressões se caracterizaram por medidas dirigidas à paralisação da economia cubana; em meados de 1960, trataram de privar Cuba de combustível necessário para o funcionamento de suas indústrias, transportes e centrais elétricas. Por pressão do Departamento de Estado, as companhias petrolíferas norte-americanas independentes se negaram a vender petróleo a Cuba ou a lhe facilitar navios-tanques para o transporte. Pouco depois, trataram de privá-la das divisas necessárias a seu comércio externo. Em 6 de julho de 1960, o então presidente Eisenhower reduziu em 700 mil toneladas a cota açucareira de Cuba nos Estados Unidos, suprimindo totalmente essa cota em 31 de março de 1961, poucos dias depois da anunciada Aliança para o Progresso e dias antes de Playa Girón. Tentaram paralisar a indústria de Cuba, privando-a de matérias-primas e de peças de substituição para maquinaria, tendo o Departamento de Comércio dos Estados Unidos promulgado com esse fim, em 19 de outubro de 1960, uma resolução proibindo o embarque de numerosos produtos para nossa ilha.

Essa proibição de comércio com Cuba foi-se intensificando até que, em 3 de fevereiro de 1962, o então presidente Kennedy decretou um embargo total ao comércio dos Estados Unidos com Cuba.

Fracassadas todas as agressões, os Estados Unidos passaram a aplicar o bloqueio econômico contra nossa pátria pelo impedimento de intercâmbio comercial de outros países com o nosso. Primeiro, em 24 de janeiro de 1962, o Departamento do Tesouro norte-americano anunciou a proibição de entrada nos Estados Unidos de qualquer produto elaborado, no todo ou em parte, com produtos de origem cubana, ainda que fabricados em qualquer outro país.

Em um novo passo, que significava a implantação de um bloqueio econômico virtual, em 6 de fevereiro de 1963, a Casa Branca emitiu um comunicado anunciando que as mercadorias compradas com dinheiro do governo norte-americano não seriam embarcadas em navios com bandeira estrangeira que tivessem mantido tráfego comercial com Cuba a partir de 1º de janeiro desse ano. Iniciou-se assim a lista negra que chegou a incluir mais de 150 barcos de países que não se renderam ao ilegal bloqueio ianque. E, noutro passo para dificultar o intercâmbio comercial de Cuba, em 8 de julho de 1973, o Departamento do Tesouro dos Estados Unidos estabeleceu o congelamento de todos os bens cubanos em território norte-americano e a proibição de qualquer transferência de dólares de ou para Cuba, bem como qualquer outro tipo de transação de dólares efetuada por intermédio de terceiros países. Na sua obsessão de nos agredir, a Trade Expansion Act (Lei de Expansão Comercial) exclui especificamente nosso país das supostas vantagens atribuídas por essa lei. Neste ano continuam as agressões. Em 18 de fevereiro de 1964, os Estados Unidos anunciaram a suspensão da ajuda à Grã--Bretanha, à França e à Iugoslávia por continuarem a ter relações comerciais com Cuba. E o secretário de Estado Dean Rusk declarou textualmente: "[...] ao mesmo tempo, não pode haver melhoria nas relações; com a China comunista enquanto incitar e apoiar agressões no Sueste Asiático, nem com Cuba enquanto representar uma ameaça ao hemisfério ocidental. Esta ameaça só pode terminar de modo satisfatório para Washington com a derrubada do regime de Castro pelo povo cubano. Consideraremos este regime temporário.".

Cuba intima a delegação do governo dos Estados Unidos para que diga se as ações reveladas por esta e por outras declarações similares e os fatos anteriormente relatados estão ou não em contradição com a convivência no mundo atual e se a série de agressões econômicas cometidas contra nossa ilha e contra outros países que conosco fazem comércio são, no seu entender, consideradas legítimas. Se essa atitude está ou não em contradição com o princípio de praticar a tolerância entre os Estados defendidos pelo organismo que nos convoca, e com a obrigação imposta aos países que ratificaram sua Carta, de solucionarem pacificamente suas controvérsias. Se esta atitude está ou não em contradição com o espírito desta reunião, a favor do fim das discriminações de todos os tipos e do desaparecimento das barreiras entre países com diferentes graus de desenvolvimento e sistemas sociais.

E pedimos a esta conferência que se pronuncie sobre a pertinência da explicação, se é que a delegação dos Estados Unidos se atreve a fazê-la.

De nossa parte, mantemos uma única posição: estamos dispostos ao diálogo sempre que não sejam impostas condições prévias.

Desde que foi assinada a Carta de Havana até hoje, sucederam fatos de inegável importância no terreno do comércio e do desenvolvimento econômico: em primeiro lugar devemos destacar a expansão do campo socialista e o desmoronamento do sistema colonial; numerosos países, com uma superfície que excede 30 milhões de quilômetros quadrados e uma população que atinge um terço do total mundial, escolheram como sistema de desenvolvimento o da construção da sociedade comunista e como filosofia de sua ação o marxismo-leninismo; outros afirmaram a vontade de estabelecer as bases da construção do socialismo, mesmo quando não abraçam diretamente a filosofia marxista-leninista. A Europa, a Ásia e agora a África e a América são continentes sacudidos pelas novas ideias do mundo.

O campo socialista desenvolveu-se ininterruptamente a taxas de crescimento muito mais elevadas que as de países capitalistas, apesar de, em geral, ter partido de níveis de desenvolvimento bastante baixos e de ter suportado guerras de extermínio e bloqueios apertados.

Contrastando com o impetuoso crescimento dos países do campo socialista e com o desenvolvimento, ainda que em ritmo muito mais lento, da maioria dos países capitalistas, há o fato inegável da total estagnação de grande parte dos chamados países subdesenvolvidos, que inclusive apresentam, por vezes, taxas de crescimento econômico inferiores às do crescimento demográfico.

Essas características não são casuais; correspondem diretamente à natureza do sistema capitalista desenvolvido em plena expansão, que transfere para os países dependentes as formas mais abusivas e mais descaradas de exploração.

Desde fins do século passado, essa tendência expansionista e agressiva tem-se traduzido em inúmeras agressões a diversos países dos continentes mais atrasados, mas na atualidade se traduz fundamentalmente no controle, por parte das potências desenvolvidas, da produção e do comércio de matérias-primas dos países dependentes. Em geral, manifesta-se pela dependência de um dado país em relação a um único produto básico que, por sua vez, se dirige a um mercado determinado e em quantidades limitadas às suas necessidades.

A penetração dos capitais dos países desenvolvidos é a condição essencial para o estabelecimento da dependência econômica. Esta penetração adquire formas diversas; apresenta-se como empréstimos em condições onerosas, investimentos que sujeitam um dado país aos investidores, dependência tecnológica quase absoluta do país dependente em relação ao país desenvolvido, controle do comércio externo pelos grandes monopólios internacionais e, em último caso, utilização da força.

Por vezes, essa penetração adquire formas mais sutis, como a utilização de organismos internacionais de crédito, financeiros e outros; o Fundo Monetário Internacional (FMI), o Banco Internacional de Reconstrução e Desenvolvimento (BIRD), o GATT, e em nossa América o Banco Interamericano de Desenvolvimento (BID), são exemplos de organismos internacionais a serviço das grandes potências capitalistas, fundamentalmente do imperialismo norte-americano. Introduzem-se na política econômica interna, na política de comércio externo e em todas as formas financeiras de relações internas e de relações entre os povos.

O Fundo Monetário Internacional é o guardião do dólar no campo capitalista; o Banco Internacional de Reconstrução e Desenvolvimento e o Banco

Interamericano de Desenvolvimento cumprem essa triste função no âmbito do continente americano; todos esses organismos se regem por regras e princípios que pretendem apresentá-los como salvaguarda da equidade e da reciprocidade nas relações econômicas, internacionais, quando, na realidade, não passam de máscaras atrás das quais encobrem os instrumentos mais sutis para a perpetuação do atraso e da exploração. O Fundo Monetário Internacional, ao velar supostamente pela estabilidade de todos os tipos de câmbio e pela satisfação dos pagamentos internacionais, não faz mais do que impedir as mínimas medidas de defesa dos países subdesenvolvidos em face da concorrência e da penetração dos monopólios estrangeiros. Quando impõe os chamados programas de austeridade e combate às formas de pagamento, necessárias à expansão do comércio entre países em situações críticas de balança de pagamentos e severas discriminações no comércio internacional, trata desesperadamente de salvar o dólar de sua precária situação, sem entrar a fundo nos problemas estruturais que afetam o sistema monetário internacional e impedem uma expansão mais rápida do comércio mundial.

O GATT, por seu lado, ao estabelecer o tratamento igual e as concessões recíprocas entre países desenvolvidos e subdesenvolvidos, contribui para a manutenção da situação que só serve aos primeiros e os mecanismos que propõe nunca prevêm os meios necessários para a eliminação do protecionismo agrícola, das subvenções, das tarifas e de outros obstáculos que impedem o incremento das exportações dos países dependentes. Por mais que tenha agora seu chamado Programa de Ação, ou que nestes dias, por suspeita coincidência, comecem as negociações tarifárias Kennedy.

Para reforçar o domínio imperialista, recorreu-se ao estabelecimento de áreas preferenciais como forma de exploração e controle neocolonial. Podemos falar disso com profundo conhecimento de causa, por termos sofrido na carne os resultados dos acordos preferenciais cubano-norte-americanos, que manietaram nosso comércio, pondo-o à disposição dos monopólios norte-americanos.

Nada melhor para expor o que esses acordos preferenciais significaram para Cuba do que citar a opinião do embaixador dos Estados Unidos, Summer Wells, sobre o Tratado de Reciprocidade Comercial, negociado em 1933 e assinado em 1934: "[...] o governo cubano, por sua vez, nos garantirá praticamente o monopólio do mercado cubano para as importações americanas com a única reserva de que, dado o fato de a Grã-Bretanha ser o principal cliente de Cuba para a parte das exportações de açúcar que não vai para os Estados Unidos, o governo cubano desejaria certas vantagens para uma limitada categoria de importações provenientes da Grã-Bretanha"; e "[...] finalmente, a negociação neste momento do acordo comercial recíproco com Cuba, nas linhas antes indicadas, não só reanimaria Cuba, como nos daria praticamente o controle do mercado que temos vindo a perder continuamente nos últimos dez anos, não só para os nossos produtos manufaturados mas também para as nossas exportações agrícolas, nomeadamente trigo, gorduras animais, produtos de carne, arroz e batatas" (telegrama do embaixador Wells ao secretário de Estado norte-americano, enviado em 13 de maio de 1933, às seis da tarde, e publicado nas páginas 289 e 290 do volume V da publicação oficial *Foreign Relations of the United States*, correspondente a 1933).

Os resultados do chamado Tratado de Reciprocidade Comercial confirmaram a opinião do embaixador Wells. Nosso país tinha de sair com seu produto fundamental, o açúcar, recolhendo divisas pelo mundo inteiro a fim de compensar o desequilíbrio da balança com os Estados Unidos, e as tarifas especiais impediam que os produtores de outros países europeus, ou os próprios produtores nacionais, pudessem competir com os norte-americanos.

Basta citar alguns números para provar que Cuba desempenhava esse papel de buscar divisas por todo o mundo para os Estados Unidos; no período de 1948-1957 Cuba teve um saldo comercial negativo persistente com os Estados Unidos, totalizando 382,7 milhões de pesos, ao passo que com o restante do mundo sua balança comercial foi sistematicamente favorável, chegando a um total de 1.274 bilhões. E a balança de pagamentos no período 1948-1958 foi ainda mais eloquente; Cuba teve um saldo positivo com o mundo, excetuando os Estados Unidos, de 543,9 milhões de pesos, que perdeu para as mãos do seu vizinho rico, com o qual teve um saldo negativo de 952,1 milhões de pesos, o que determinou a redução de suas reservas em divisas de 408,2 milhões de pesos.

A chamada Aliança para o Progresso é outra demonstração palpável dos métodos fraudulentos usados pelos Estados Unidos para manter falsas esperanças nos povos enquanto a exploração se intensifica.

Quando nosso primeiro-ministro Fidel Castro, em 1959, em Buenos Aires, assinalou uma necessidade mínima adicional de 3 bilhões de dólares anuais de rendimentos externos para financiar um ritmo de desenvolvimento que reduzisse verdadeiramente a diferença abismal que separa a América Latina dos países desenvolvidos, muitos pensaram que a cifra era exorbitante. Em Punta del Este, no entanto, já se prometeram 2 bilhões anuais. Hoje se reconhece que só a perda por causa da deterioração das razões de troca em 1961 (último ano disponível) requeriria, para ser compensada, um acréscimo de 30% dos hipotéticos fundos médios anuais. E ocorre a situação paradoxal de, enquanto os empréstimos não chegam ou chegam destinados a projetos que pouco ou nada contribuem para o desenvolvimento industrial, serem transferidas quantidades crescentes de divisas para os países industrializados, o que significa que as riquezas conseguidas com o trabalho de povos que em sua maioria vivem no atraso, na fome e na miséria são desfrutadas pelos círculos imperialistas norte-americanos. Assim, em 1961, de acordo com as atas da Comissão Econômica para a América Latina, saíram da América Latina, a título de resultados de investimentos estrangeiros e remessas idênticas, 1,735 bilhão de dólares e, a título de pagamento de dívidas externas a curto e longo prazo, 1,456 bilhão de dólares. Se a isso se junta a perda indireta do poder de compra das exportações (deterioração das razões de troca), ascendendo a 2,66 bilhões de dólares em 1961, e 400 milhões pela fuga de capitais, temos um volume global de mais de 6,2 bilhões de dólares. Quer dizer, mais de três Alianças para o Progresso anuais; de tal maneira que, se a situação de 1964 não piorou mais ainda durante os três meses de sessões desta Conferência, os países da América Latina integrados na Aliança para o Progresso perderão direta ou indiretamente quase 1,6 bilhão de dólares das riquezas criadas pelos seus povos; como contrapartida, os anunciados fundos anuais terão atingido, com otimismo, metade dos 2 bilhões prometidos.

A experiência da América Latina quanto a resultados reais deste tipo de "ajuda", apresentada como a mais acertada e como o melhor remédio para aumentar os rendimentos externos, em vez de o fazer diretamente elevando o valor e o volume das exportações e modificando a sua estrutura, é triste. Por isso mesmo, deve ser elucidativa para as outras regiões e para o mundo subdesenvolvido em geral. Hoje, essa região está não só praticamente estagnada, mas se vê além disso assolada pela inflação e pelo desemprego e metida no ciclo vicioso do enfeudamento externo, suportando tensões que se resolvem, às vezes, pela luta armada.

Cuba denunciou no devido momento esses fatos e previu os resultados anunciando que recusava qualquer outra implicação que não a emanada de seu exemplo e apoio moral; o desenvolvimento dos acontecimentos nos dá razão; a Segunda Declaração de Havana mostra sua vigência histórica.

Esse complexo de fenômenos, analisado para a América Latina, mas válido para todo o mundo dependente, tem como resultado garantir às potências desenvolvidas a manutenção de condições de comércio que provocam a deterioração das razões de troca entre os países dependentes e os países desenvolvidos.

Esse aspecto, um dos mais evidentes e que não pode ser encoberto pela máquina de propaganda capitalista, é outro dos fatores que provocam a reunião a que assistimos.

A deterioração das razões de troca se expressa, na prática, de maneira simples: os países subdesenvolvidos têm de exportar cada vez mais matérias-primas e produtos básicos para importar as mesmas quantidades de produtos industriais. O problema é mais grave em relação às máquinas e aos equipamentos imprescindíveis para o desenvolvimento agrícola e industrial.

Apresentamos um pequeno quadro em que se relaciona a quantidade de produtos primários, em quantidades físicas, necessária para importar um trator de

30-39 HP nos anos de 1955 e 1956.[1] Com esses dados, apenas pretendemos ilustrar o problema de que tratamos. É evidente que alguns produtos primários não baixaram de preço, ou até podem ter subido um pouco nesse período, e que pode haver máquinas e equipamentos cujo aumento relativo não seja tão acentuado como no exemplo que oferecemos. Pretendemos apresentar a tendência geral. Tomamos alguns países representativos como produtores de matérias-primas ou produtos básicos aqui considerados, o que não quer dizer que sejam os únicos ou que não tenham outro tipo de significado.

Muitos países subdesenvolvidos, analisando seus males, chegam a uma conclusão com bases aparentemente lógicas: dizem que, se a deterioração das razões de troca é uma realidade objetiva e é a base da maioria de seus problemas por causa da baixa de preços das matérias-primas que exportam e da alta de preços dos produtos manufaturados que importam, ao manterem relações comerciais com países socialistas no âmbito do mercado mundial segundo os preços vigentes, estes se beneficiam com o estado de coisas existente, já que são, em geral, exportadores de bens manufaturados e importadores de matérias-primas. Devemos reconhecer honestamente que isso é verdade, mas com a mesma honestidade deve-se reconhecer que estes países não provocaram essa situação, que apenas absorvem 10% das exportações de produtos primários dos países subdesenvolvidos (em relação ao restante do mundo) e que, por razões históricas, têm-se visto obrigados a fazer comércio nas condições existentes no mercado mundial, produto do domínio imperialista sobre a economia interna e os mercados externos dos países dependentes. Não são essas as bases sobre as quais os países socialistas estabelecem seu comércio a longo prazo com os países subdesenvolvidos.

Existem numerosos exemplos disso, entre os quais se encontra especialmente o de Cuba. Quando nosso estatuto mundial mudou e nossas relações com o campo socialista adquiriram outro grau de confiança mútua, sem deixarmos de ser subdesenvolvidos, estabelecemos um novo tipo de relações com países desse campo; a expressão mais elevada dessas relações são os acordos sobre o preço do açúcar com a União Soviética, mediante os quais aquela potência irmã se compromete a adquirir quantidades crescentes do nosso produto básico a preços estáveis e justos já estabelecidos até 1970.

Não podemos esquecer tampouco que existem países subdesenvolvidos de diferentes condições e que mantêm políticas diferentes em relação ao campo socialista. Alguns, como Cuba, elegeram o caminho do socialismo; outros têm um relativo desenvolvimento capitalista e estão iniciando a produção de bens manufaturados para exportação; outros têm relações neocoloniais; outros têm uma estrutura quase absolutamente feudal; e outros ainda, desafortunadamente, não participam

---
[1] Ver o quadro na página seguinte (NE).

Quantidade de produtos primários necessários para adquirir um trator de 30-39 HP

Produtos e porcentagens de suas exportações	País	Quantidades necessárias (em toneladas) 1955	1962	Aumento (porcent.)	(tonel.)
Cacau 67%	Gana	3,06	7,14	133	4,08
Óleo e coco 35%	Filipinas	11,21	13,63	21	2,42
Café 46%	Brasil	2,38	4,79	101	2,41
Cobre 58%	Rodésia	4,23	5,45	28	1,22
Algodão 71%	Rep. Árabe Unida	2,11	3,41	61	1,30
Petróleo 92%	Venezuela	938*	1.118*	19	180*
Arroz 71%	Birmânia	26,35	32,57	23	6,22
Cautchu 66%	Malásia	3,27	5,55	70	2,28
Chá 60%	Ceilão	1,89	2,93	55	1,04
Tabaco 26%	Turquia	1,77	2,90	63	1,13
Lã 55%	Uruguai	1,94	2,59	20	0,58

* Barris.

(Fontes: FAO, *Production Yearbook*; *Financial Statistics*)

de conferências deste tipo porque os países desenvolvidos não lhes concederam a independência a que seus povos aspiram, como é o caso da Guiana Inglesa, de Porto Rico e de outros, no nosso continente, na África e na Ásia. Salvo no primeiro desses grupos, a penetração dos capitais estrangeiros se fez sentir de um modo ou de outro, e os pedidos que hoje se fazem aos países socialistas devem se estabelecer sobre a base real em que se dialoga, em alguns casos de país subdesenvolvido a país desenvolvido, mas, quase sempre, de país discriminado a país discriminado. Em muitas oportunidades, os mesmos países reclamam um tratamento preferencial unilateral aos desenvolvidos sem exclusão, considerando, portanto, nesse campo os países socialistas, que criam dificuldades de todo o tipo ao comércio direto com aqueles Estados, existindo o perigo de que pretendam comerciar como subsidiários nacionais das potências imperialistas, que poderiam obter assim ganhos extraordinários, por via da apresentação de um dado país como subdesenvolvido, com direito à obtenção de preferências unilaterais.

Se não queremos afundar esta Conferência, devemos nos manter rigidamente dentro dos princípios. Como países subdesenvolvidos, devemos falar com a razão que nos assiste; em nosso caso, como país socialista, podemos falar também da discriminação que contra nós se realiza, não só por parte de alguns países capitalistas desenvolvidos, mas também por países subdesenvolvidos que respondem consciente ou inconscientemente aos interesses do capital monopolista que assumiu o controle fundamental de sua economia.

Não cremos que a atual relação mundial de preços seja justa, mas não é a única injustiça que existe. Existe a exploração direta de uns países por outros; existe a discriminação entre países em função de suas diferentes estruturas econômicas; e existe, como já dissemos, a penetração de capitais estrangeiros que chegam a controlar a economia de um país em seu próprio benefício. Se queremos ser consequentes, ao apresentarmos nossas pretensões a países socialistas desenvolvidos, devemos também anunciar as medidas que tomaremos para que cessem a discriminação e, pelo menos, as formas mais ostensivas e perigosas da penetração imperialista.

É conhecida a discriminação que as metrópoles imperialistas têm praticado em relação ao comércio dos países socialistas a fim de impedir seu desenvolvimento. Às vezes têm assumido formas de verdadeiro bloqueio, o qual se mantém em grau quase absoluto contra a República Democrática da Alemanha, a República Popular da China, a República Democrática da Coreia, a República Democrática do Vietnã e a República de Cuba, por parte do imperialismo norte-americano. É conhecido de todos o fracasso dessa política e é sabido como outros poderes, que a princípio seguiam os Estados Unidos, foram aos poucos se separando dessa potência com a intenção de conseguirem os seus próprios benefícios. Hoje o fracasso dessa política é evidente.

Também se praticam discriminações no comércio dos países dependentes com os países socialistas, com o fim fundamental de que os monopólios não percam seu campo de exploração e, ao mesmo tempo, de reforçar o bloqueio ao campo socialista. Essa política também está fracassando e cabe-nos refletir se é lógico que continuemos presos a interesses alheios condenados historicamente ou se é hora de rompermos todos os entraves ao comércio e ampliarmos os mercados da área socialista.

Ainda se mantêm as diversas formas de discriminação que impedem o comércio e permitem o manejo mais cômodo por parte dos imperialistas de uma série de produtos básicos e de países que os produzem. É simplesmente ridículo, na era atômica, dar caráter de material estratégico e impedir o comércio de produtos como o cobre e outros minérios; no entanto, essa política tem-se mantido e ainda se mantém. Fala-se também de supostas incompatibilidades entre o monopólio estatal do comércio externo e as formas de comércio adotadas pelos países capitalistas, e por isso se estabelecem relações discriminatórias, cotas etc., manobras nas quais o GATT desempenhou um papel preponderante sob a aparência formal de lutar contra as relações injustas. A discriminação ao comércio estatal serve não só de arma contra os países socialistas, mas também se destina a impedir que os países subdesenvolvidos adotem uma das medidas mais urgentes para aumentar seu poder de negociação no mercado internacional e contrariar a ação dos monopólios.

A suspensão da ajuda econômica por parte dos organismos internacionais aos países que adotam o sistema socialista de governo é outra variação do mesmo tema. O ataque do Fundo Monetário Internacional aos convênios bilaterais de pagamento com os países socialistas e a imposição a seus membros mais fracos de uma política contrária a essa forma de relação entre os povos tem sido o pão nosso de cada dia nos últimos anos.

Como já assinalamos, todas essas medidas discriminatórias impostas pelo imperialismo têm a dupla intenção de bloquear o campo socialista e de reforçar a exploração dos países subdesenvolvidos.

Assim como é verdade que os preços atuais são impostos, também é verdade que estão condicionados à limitação monopolista dos mercados e ao estabelecimento de relações políticas que fazem da livre concorrência uma palavra de significado unilateral: livre concorrência, para os monopólios, é o mesmo que raposa livre entre galinhas livres. Se os amplos e crescentes mercados do campo socialista se abrirem, ainda sem considerar os acordos que possam emanar desta Conferência, ter-se-á contribuído para o aumento dos preços das matérias-primas. O mundo tem fome, mas não tem dinheiro para comprar comida e, paradoxalmente, no mundo subdesenvolvido, no mundo da fome, desencorajam-se possíveis expansões da produção de alimentos com o fim de manter os preços, quer dizer, para poder comer. É a lei inexorável da filosofia da espoliação que deve cessar como norma de relações entre os povos.

Existe, além disso, a possibilidade de alguns países subdesenvolvidos exportarem bens manufaturados para países socialistas e inclusive de se fazerem acordos a longo prazo para conseguir o melhor aproveitamento das riquezas naturais de alguns povos e a especialização em determinados ramos industriais que lhes permitam participar no comércio mundial como países produtores de bens manufaturados. Tudo isso se pode complementar mediante a concessão de créditos a longo prazo para o desenvolvimento desses ramos industriais, mas deve-se considerar sempre que nas relações entre os países socialistas e os países subdesenvolvidos há certas medidas que não podem ser tomadas unilateralmente.

Dá-se o estranho paradoxo de enquanto as Nações Unidas, no comércio externo dos países subdesenvolvidos, e o secretário-geral da Conferência, sr. Prebisch, dão ênfase nos perigos que a manutenção desse estado de coisas representa, se falar ainda da possibilidade e, em alguns casos, como no dos materiais chamados estratégicos, da necessidade, da discriminação em relação a certos Estados por pertencerem ao campo dos países socialistas.

Todas essas anomalias são possíveis pelo fato de os países subdesenvolvidos, na etapa atual da humanidade, serem o campo de batalha de tendências econômicas que abarcam vários períodos da história. Em alguns, existe o feudalismo; noutros, as burguesias nascentes, ainda débeis, têm de enfrentar a dupla pressão dos interesses imperialistas e do seu proletariado que luta por uma mais justa distribuição dos rendimentos. Nesta alternativa, algumas burguesias nacionais mantiveram sua independência ou encontraram alguma forma de ação comum com o proletariado, mas outras fizeram causa comum com o imperialismo e transmitiram essa característica aos governos que as representam.

É preciso advertir que esse tipo de dependência, usado com habilidade, pode pôr em perigo a obtenção de avanços significativos na Conferência, mas também se deve ver que as vantagens que esses governos obtêm hoje como preço da desunião serão pagas em dobro amanhã, quando tiverem de enfrentar sozinhos, suportando da hostilidade de seus próprios povos, o embate monopolista, que não tem outra lei senão a do lucro máximo.

Fizemos a análise sumária das causas e consequências das contradições entre o campo dos países explorados e o dos países exploradores; aqui há dois perigos claros para a paz no mundo. Mas também é preciso assinalar que o auge crescente de alguns países capitalistas e sua fatal expansão na busca de novos mercados levou a mudanças na correlação de forças entre eles e a tensões consideráveis para a preservação da paz mundial.

Recordemos que as duas últimas conflagrações gerais se iniciaram por choques entre potências desenvolvidas que não encontraram outro caminho de solução senão à força.

Decorrem atualmente uma série de fenômenos que demonstram claramente a agudização crescente dessa luta.

Isso pode trazer perigos reais para a paz do mundo no futuro, mas constitui hoje um grande perigo para o desenvolvimento harmônico desta Conferência: há uma clara distribuição de esferas de influência entre os Estados Unidos e outras potências capitalistas desenvolvidas, que abarcam os continentes atrasados e, em alguns casos, a Europa. Se essas influências tiverem uma força tal que possam converter o campo dos países explorados em cenário de lutas cujos combatentes lutem pelo benefício das potências imperialistas, a Conferência terá naufragado.

Cuba considera, tal como está expresso na declaração conjunta dos países subdesenvolvidos, que os problemas comerciais dos nossos países são bem conhecidos e que o que desejamos é a adoção de princípios claros e uma atuação concreta que conduza ao estabelecimento de uma nova era no mundo. Consideramos também que a declaração de princípios apresentada pela URSS e por outros países socialistas constitui uma base correta para iniciar o diálogo, e a apoiamos plenamente.

Nosso país apoia igualmente as medidas apresentadas na reunião de peritos de Brasília, que se traduzem na aplicação consequente dos princípios que preconizamos e os quais a seguir expomos.

Cuba faz uma declaração prévia: não devemos vir para implorar ajuda; devemos exigir justiça, mas não a justiça sujeita a interpretações falaciosas que muitas vezes temos visto triunfar nas reuniões de organismos internacionais; justiça que talvez os povos não saibam definir em termos jurídicos, mas cujo anseio brota do fundo dos espíritos oprimidos por gerações de exploração.

Cuba afirma que deve surgir desta Conferência uma definição de comércio internacional como instrumento eficaz para o mais rápido desenvolvimento econômico dos povos subdesenvolvidos e discriminados e que essa definição deve conduzir à eliminação de todas as discriminações e diferenças; mesmo as que emanam do suposto tratamento igualitário, o tratamento deve ser equitativo, e equidade não é, nesse caso, igualdade; equidade é a desigualdade necessária para que os povos explorados alcancem um padrão de vida aceitável. Devemos deixar estabelecidas aqui as bases para a implantação de uma nova divisão internacional do trabalho, mediante o aproveitamento pleno de todos os recursos naturais de um país, elevando progressivamente seu grau de elaboração até às mais complicadas formas de transformação industrial.

Igualmente, deverá atingir-se a nova divisão do trabalho pela restituição dos mercados para os produtos tradicionais de exportação dos países subdesenvolvidos, que lhes foram arrebatados pelas medidas artificiais de proteção e estímulo à produção dos países desenvolvidos; deverá se obter também uma participação justa nos futuros aumentos do consumo.

Esta Conferência deverá recomendar formas concretas de regulamentação do uso dos excedentes de produtos básicos, impedindo que se transformem em subsídios às exportações de países desenvolvidos em detrimento das exportações tradicionais dos países subdesenvolvidos, ou em instrumento de penetração de capitais estrangeiros, em um país subdesenvolvido.

É inconcebível que os países subdesenvolvidos, que sofrem enormes perdas pela deterioração das razões de troca e que, pela sangria permanente das remessas de resultados têm amortizado em excesso o valor dos investimentos de potências imperialistas, tenham de suportar a carga crescente de endividamento e da sua amortização, enquanto se ignoram suas mais justas necessidades. A delegação de Cuba propõe que, enquanto os preços dos produtos exportados pelos países subdesenvolvidos não alcançarem um nível que lhes restitua as perdas sofridas na última década, se suspendam todos os pagamentos a título de dividendo, juros e amortizações.

Deve-se estabelecer de modo bem claro o perigo que constituem para o comércio e para a paz no mundo os investimentos de capital estrangeiro que dominem a economia de um país qualquer, a deterioração das razões de troca, o controle dos mercados de um país por outro, as relações discriminatórias ou o uso da força como instrumento de percussão.

Esta Conferência deve também deixar claramente estabelecido o direito de todos os povos a uma ilimitada liberdade de comércio, e que esta não possa de qualquer forma, ser restringida direta ou indiretamente por qualquer dos países signatários do acordo que dela emanar.

Ficará claramente estabelecido o direito de todos os países à livre contratação de sua carga marítima ou aérea, e ao livre trânsito pelo mundo, sem obstáculos de qualquer espécie.

Deve-se condenar a aplicação ou o estímulo de medidas de caráter econômico utilizadas por um Estado para forçar a liberdade soberana de outro e para obter deste vantagens de qualquer natureza ou o colapso de sua economia.

Para tudo o que se disse anteriormente, é necessário o total exercício do princípio da autodeterminação consagrada na Carta das Nações Unidas e a reafirmação do direito dos Estados de dispor de seus recursos, de adotar a forma de organização econômica e política que mais lhe convier, e de escolher suas próprias vias de desenvolvimento e especialização da atividade econômica sem serem por isso objeto de qualquer tipo de represálias.

A Conferência deve adotar medidas para promover a criação de regras, organismos financeiros, de crédito e tarifários cujas normas se baseiem na igualdade sem restrições, na justiça e na equidade, e que substituam os atuais organismos, obsoletos do ponto de vista de seus fundamentos e condenáveis do ponto de vista de seu objetivo concreto.

Para garantir que um povo disponha totalmente de seus recursos é necessário condenar a existência de bases estrangeiras, a permanência, transitória ou não, de tropas estrangeiras num dado país sem seu consentimento e a manutenção de regimes coloniais por parte de algumas potências capitalistas desenvolvidas.

Para tudo isso, é necessário que a Conferência chegue a um acordo e que se assentem as bases firmes da constituição de uma Organização Internacional de Comércio, regida pelo princípio da igualdade e da universalidade de seus membros, e que tenha autoridade suficiente para tomar decisões que sejam respeitadas por todos os países signatários, abandonando a prática de manter afastados dessas assembleias países que se libertaram depois do estabelecimento das Nações Unidas e cujos sistemas sociais não agradam a determinados poderosos do mundo.

Só a constituição de uma organização do tipo apontado, que suplante os atuais organismos que servem de sustentáculo ao *status quo* e à discriminação, e não fórmulas indiretas que só servem para que periodicamente falemos, até cansar, do que já conhecemos, pode garantir o cumprimento de novas normas nas relações internacionais e a obtenção da segurança econômica que se deseja.

Em todos os pontos pertinentes, devem-se fixar exatamente os prazos para a entrada em vigor das medidas estabelecidas.

Esses são os pontos mais importantes que a delegação cubana queria vos comunicar. Deve-se assinalar que muitas ideias que hoje se consagram ao serem expressas por organismos internacionais, pela análise precisa da situação atual dos países em desenvolvimento apresentada pelo secretário-geral da Conferência, sr. Prebisch, e iniciativas aprovadas por outros Estados (comércio com os países socialistas, obtenção de créditos destes, necessidade de reformas sociais básicas para o desenvolvimento econômico etc.) foram apresentadas e postas em prática por Cuba durante os cinco anos de governo revolucionário e por isso Cuba foi vítima de condenações injustas e de agressões econômicas e militares aprovadas por alguns países que hoje as defendem.

Basta recordar as críticas e as condenações recebidas pelo nosso país por estabelecer relações de intercâmbio e colaboração com países fora de nosso hemisfério e, ainda agora, a exclusão de fato do grupo regional latino-americano, que se reúne sob os auspícios da Carta de Alta Gracia, quer dizer, da Organização dos Estados Americanos (OEA), da qual Cuba está excluída.

Tratamos de pontos fundamentais quanto ao comércio externo, à necessidade de alterações na política externa dos países desenvolvidos em relação aos subdesenvolvidos e à necessidade de reestruturação de todos os organismos internacionais de crédito, financiamento e outros; mas é necessário sublinhar que não são condições suficientes para garantir um desenvolvimento econômico, mas sim que requerem, além disso, outras medidas que Cuba, país subdesenvolvido, pôs em prática. No mínimo é necessário estabelecer o controle de transferências, impedindo as remessas de fundos para o estrangeiro ou limitando-as de modo apreciável; o controle do comércio externo pelo Estado, a reforma agrária, a recuperação pela nação de todos os recursos naturais, o impulso do ensino da técnica, e outras medidas de reorganização interna imprescindíveis para iniciar o caminho de um desenvolvimento acelerado.

Cuba não assinala, entre as medidas mínimas indispensáveis, a de que o Estado se apodere de todos os meios de produção, por respeitar a vontade dos governos aqui representados, mas acha que essa medida contribuiria para solucionar os graves problemas com que se debatem, com maior eficiência e mais rapidez.

E os imperialistas ficarão de braços cruzados? Não.

O sistema que praticam é o causador dos males de que padecemos, mas tratarão de obscurecer as causas com argumentos fraudulentos, em que são mestres. Tratarão de integrar a Conferência nos meios existentes e de criar a desunião no campo dos países explorados oferecendo migalhas. Tratarão, por todos os meios, de manter a vigência dos velhos organismos internacionais, que tão bem servem os seus fins, oferecendo reformas superficiais. Procurarão a forma com que a Conferência chegue a um beco sem saída e seja suspensa ou adiada. Tratarão que perca a importância em face de outros acontecimentos por eles convocados ou que chegue ao final sem definições concretas.

Não aceitarão um novo organismo internacional de comércio, ameaçarão boicotá-lo, e provavelmente o farão.

Tratarão de demonstrar que a atual divisão internacional do trabalho é benéfica para todos, qualificando a industrialização de ambição desmedida e perigosa.

E, por último, alegarão que quem tem a culpa do subdesenvolvimento são os subdesenvolvidos.

A essa última alegação podemos responder que, em certa medida, têm razão, e que terão muito mais se não formos capazes de nos unirmos real e decididamente para apresentar a frente única dos discriminados e explorados.

As perguntas que desejamos fazer a esta assembleia são: seremos capazes de realizar a tarefa que a história nos pede? Terão os países capitalistas desenvolvidos a perspicácia política para aceder aos requerimentos mínimos?

Se as medidas aqui indicadas não puderem ser adotadas por esta Conferência e só se registrar, uma vez mais, um documento híbrido, cheio de declarações vagas e premissas de escape, e se, no mínimo, não se eliminarem as barreiras econômicas e políticas que impedem tanto o comércio entre todas as regiões do mundo como a colaboração internacional, os países subdesenvolvidos continuarão a enfrentar situações econômicas cada vez mais difíceis e a tensão no mundo pode aumentar perigosamente. Em qualquer momento poderá surgir a faísca de uma conflagração mundial, provocada pela ambição de algum país imperialista de destruir o campo dos países socialistas, ou por contradições insanáveis entre os próprios países capitalistas, num futuro não muito longínquo. Mas, além disso, crescerá cada dia com mais força o sentimento de rebeldia dos povos sujeitos a diversos estados de exploração e eles se levantarão em armas para conquistar pela força os direitos que o simples exercício da razão não lhes permitiu obter.

Assim sucede hoje com os povos da chamada Guiné Portuguesa e de Angola, que lutam para se libertar do jugo colonial, e com o novo Vietnã do Sul, que, com armas na mão, está pronto a sacudir o jugo do imperialismo e de seus fantoches.

Cuba apoia e aplaude esses povos que disseram basta à exploração depois de esgotadas todas as possibilidades de uma solução pacífica e que para sua magnífica demonstração de rebeldia vai a nossa Solidariedade Militante. Expressos os pontos fundamentais em que se baseia nossa análise da situação atual, expressas as recomendações que consideramos pertinentes para esta Conferência e também as nossas apreciações sobre o futuro, de que não se conseguirá nenhum avanço nas relações comerciais entre os países – veículo eficaz para aliviar tensão e contribuir para o desenvolvimento –, queremos deixar bem acentuado que a nossa esperança é que se consiga o diálogo construtivo de que falamos. Para a obtenção desse diálogo, com benefícios para todos, dirigimos nosso esforço. Para impulsionar a unidade do campo dos países subdesenvolvidos do mundo, a fim de oferecer uma frente coesa, se dirigem nossos esforços. No êxito desta Conferência estão postas também as nossas esperanças, e as unimos cordialmente às dos pobres do mundo e aos países do campo socialista, pondo todas as nossas fracas forças a serviço de seu triunfo.

CAPÍTULO 4

Sobre a concepção do valor em resposta a algumas afirmações[1]

Neste número de *Nuestra Industria – Revista Económica* reproduzimos o artigo de Alberto Mora intitulado "Em torno da questão do funcionamento da lei do valor na economia cubana no momento atual", publicado recentemente pela revista *Comercio Externo*, editada pelo respectivo Ministério.

O artigo começa assim: "Alguns companheiros consideram que a lei do valor não funciona atualmente no setor estatal da economia cubana.".

A negação dos argumentos é importante, mas também é importante saber a quem se referem. "Alguns" não têm nome e sobrenome, mas os sujeitos a quem a crítica se dirige têm e se personalizam no Ministério da Indústria, que assina o artigo, e no companheiro Luís Alvarez Rom, ministro das Finanças, sem contar com outros a quem podemos nos referir por seguirem a corrente do sistema orçamentário de financiamento.

Salientamos isso inicialmente, pois é bom fixar, não apenas os conceitos, mas também as pessoas que os defendem.

Gostaríamos de esclarecer três afirmações feitas por Mora em suas conclusões. Somos de opinião de que a questão do artigo que mais importa discutir não é a disputa contra os que negam a lei do valor, mas sim a própria definição de valor que é dada, pois não se ajusta às ideias de Marx.

"Enfim, o que é o valor? Quanto a mim, se atribuímos algum sentido consistente à categoria valor, não podemos deixar de observar que ela contém (ou melhor, exprime) uma relação. Em primeiro lugar, é uma medida e, como tal, exprime

---

[1] Artigo publicado em *Nuestra Industria – Revista Económica*, n. 3, em outubro de 1863.

uma relação; e, em segundo lugar, é consequentemente uma categoria criada pelo homem em determinadas circunstâncias e com determinado fim, contida no quadro das relações sociais por ele desenvolvidas.".

Vejamos. Umas linhas antes, Alberto Mora afirma: "Mas a medida de uma coisa não é a coisa em si", referindo-se ao valor; e agora diz: "em primeiro lugar é uma medida e, como tal, exprime uma relação". Isso nos parece contraditório. E logo a seguir diz: "[...] e, em segundo lugar, é consequentemente uma categoria criada pelo homem em determinadas circunstâncias e com determinado fim.".

Isso está em plena contradição com as ideias de Marx sobre as leis econômicas da sociedade. Todo o seu trabalho foi dedicado a descobrir a essência dos fenômenos debaixo da aparência, demonstrando que os diversos fetiches adquiridos pela humanidade só servem para dissimular sua ignorância. Consideramos que se há alguma coisa que o homem não pode fazer é criar o valor com determinados fins. As relações de produção fizeram surgir o valor, este existe objetivamente e, quer o conheçamos quer não, o real de sua existência não varia, nem a espontaneidade de expressão das relações capitalistas.

A partir de Marx, fez-se luz no intricado mecanismo nas relações de produção capitalistas, mas seu conhecimento em nada modifica a realidade; a única coisa que o homem pode fazer é alterar determinadas condições da sociedade, mas não "inventar" leis.

Mais adiante, Mora acrescenta: "Recordemos que só um tipo de trabalho cria valor – o trabalho socialmente necessário, isto é, a aplicação dos recursos limitados disponíveis na satisfação de uma necessidade socialmente reconhecida. É pois precisamente esta relação que se exprime na categoria valor; ela é propriamente o valor.".

Observemos que Mora atribui à expressão "socialmente necessário" um sentido diferente do que tem, quer dizer, do ser necessário para a sociedade; na realidade, ele a emprega aqui como a medida do trabalho que a sociedade em seu conjunto necessita para produzir um valor. Mora acaba por dizer que o valor é a relação entre as necessidades e os recursos.

É evidente que, se a sociedade não reconhecesse uma utilidade no produto, este não teria valor de troca (daqui talvez o erro conceitual de Alberto Mora ao se referir ao trabalho socialmente necessário), mas não é menos evidente que Marx identifica a ideia de valor com a de trabalho abstrato. A busca da medida do trabalho identifica-se com a busca da medida do valor. Em O *capital* lemos o seguinte: "[...] portanto, um valor de uso, um bem, só encerra um valor por encarnação ou materialização do trabalho humano abstrato. Como se mede a quantidade deste valor? Pela quantidade de substância criadora de valor, quer dizer, de trabalho que encerra.".

Mas não existe valor sem valor de uso, assim como não podemos conceber valor de uso sem valor (salvo algumas forças da natureza) dada a inter-relação dialética que existe entre eles.

A ideia de que a relação necessidade-recursos está implícita no conceito de valor poderia se aproximar mais da realidade, o que parece lógico, pois esta fórmula pode ser substituída pela fórmula da oferta e da procura existente no mercado e que constitui uma das malhas do funcionamento da lei do valor ou da relação valor. Nossa primeira objeção importante é o perigo que seria esquematizar esse problema até reduzi-lo a uma simples enunciação da lei da oferta e da procura.

Passando ao começo do primeiro parágrafo do artigo comentado, diremos que essa apreciação não é exata. Consideramos de outra forma o problema do valor. Vou me referir ao artigo publicado em *Nuestra Industria – Revista Económica*, n.1, que dizia: "Quando todos os produtos atuam de acordo com preços que têm certas relações internas entre si, diferentes das relações desses produtos no mercado capitalista, cria-se uma nova relação de preços que não tem paralelo com a relação mundial. Como fazer para que os preços coincidam com o valor? Como manejar conscientemente o conhecimento da lei do valor para, por um lado, alcançar o equilíbrio do fundo mercantil e, por outro, o reflexo fiel dos preços? Este é um dos problemas mais sérios que se apresentam à economia socialista.".

Quer dizer, não contestamos a vigência da lei do valor, apenas consideramos que essa lei atinge sua forma plena no mercado capitalista e que as alterações introduzidas no mercado pela socialização dos meios de produção e dos aparelhos de distribuição conduz a modificações que impedem uma imediata qualificação de sua ação.

Sustentamos que a lei do valor regula as relações mercantis no quadro do capitalismo e que, uma vez que os mercados sejam distorcidos por qualquer causa, a ação da lei do valor sofrerá algumas distorções. A forma e a medida em que isso se produz não foram estudadas com a mesma profundidade com que Marx levou a cabo seu estudo sobre capitalismo. Marx e Engels não previram que a etapa de transição se pudesse iniciar em países economicamente atrasados e, por isso, não estudaram nem meditaram sobre as características econômicas de um tal momento. Lenin, apesar de sua genialidade, não teve o tempo necessário para dedicar largos estudos (toda a vida como Marx) aos problemas econômicos dessa etapa de transição, na qual se conjuga o fato histórico de uma sociedade que sai do capitalismo sem completar seu desenvolvimento nessa etapa (e na qual ainda se conservam restos de feudalismo) com a concentração da propriedade dos meios de produção nas mãos do povo.

Esse é um fato real cuja possibilidade foi prevista por Lenin em seus estudos sobre o desenvolvimento desigual do capitalismo, o nascimento do imperialismo e a teoria da ruptura das malhas mais fracas do sistema em momentos de convulsão social, como as guerras. Ele mesmo provou, com a Revolução Russa e a criação do primeiro Estado socialista, a viabilidade do fato, mas não teve tempo de continuar suas pesquisas, já que se dedicou plenamente à consolidação do poder, a participar na revolução, tal como anunciou no abrupto final de seu livro O *Estado e a revolução* (a soma dos trabalhos de Lenin sobre a economia do período de transição nos serve de valiosíssima introdução ao tema, mas faltou-lhe o desenvolvimento e o aprofundamento que o tempo e a experiência lhe deveriam dar).

Em suas conclusões, o companheiro Mora afirma categoricamente: "[...] no socialismo, a lei do valor continua a operar, apesar de não ser o único critério regulador da produção. No socialismo, a lei do valor opera por meio do plano.". Nós não estamos tão seguros disso.

Supondo que se fizesse um plano totalmente harmônico em todas as suas categorias, há que imaginar que deve haver algum instrumento fora dele que permita sua avaliação, e esse instrumento me parece que não pode ser outro senão seus próprios resultados. Mas os resultados são a comprovação *a posteriori* de que tudo anda bem ou algo anda mal (com respeito à lei do valor, entendamos já que pode haver defeitos de outra origem). Teríamos de começar a estudar minuciosamente os pontos fracos, para tomar medidas práticas novamente *a posteriori*, e corrigir a situação por aproximações sucessivas. Em todo caso, o equilíbrio entre o fundo mercantil e a procura solvente não nos daria nenhuma luz, pois, por definição, não existem condições para dar às pessoas o que elas procuram durante esse período.

Suponho algo mais real: que se devam tomar medidas em face de uma dada situação, gastar dinheiro na defesa, na correção de grandes desproporções na produção interna, em investimentos que absorvam parte de nossa capacidade de produção para o consumo, necessários por sua importância estratégica (não só no aspecto militar, mas também no econômico). Então se criarão tensões que corrigiremos com medidas administrativas, para impedir uma alta de preços, e se criarão novas relações que obscurecem cada vez mais a ação da lei do valor.

Podemos sempre calcular efeitos; os capitalistas também o fazem em seus estudos de conjuntura. Mas no plano haverá um reflexo cada vez mais pálido da lei do valor. Essa a nossa opinião sobre a questão.

Queríamos também nos referir a outra parte do artigo citado, na qual se diz o seguinte: "Quando alguns companheiros negam que a lei do valor opera nas relações entre empresas dentro do setor estatal, argumentam que todo o setor estatal é uma só propriedade, que as empresas são propriedade da sociedade. Esta última afirmação é evidentemente exata, mas economicamente não é um critério correto. A propriedade estatal não é ainda a propriedade social plenamente desenvolvida, que somente se alcançará no comunismo." E a seguir: "[...] basta simplesmente atentarmos às relações entre as empresas estatais, em como surgem contradições entre elas e em como são tributárias umas das outras, para nos darmos conta de que atualmente em Cuba de modo algum a totalidade do setor estatal constitui uma só empresa.".

Alberto Mora refere-se a algumas conversas que temos tido, a uma intervenção pessoal no encerramento do curso da Escola de Administradores, ou a uma brochura inédita do companheiro Alvarez Rom, na qual o tema é referido como uma aspiração de Lenin. Nesta última, considera-se o tratamento das fábricas como oficinas da empresa consolidada e o desejo de que o desenvolvimento da economia leve em consequência todas as relações como as que existem em uma grande fábrica única.

Queríamos sublinhar que, se bem que seja certo existirem contradições entre diversas empresas – e não citamos empresas da economia em geral, mas empresas sob a direção do Ministério das Indústrias –, não é menos certo que existem contradições entre fábricas de uma empresa, entre oficinas de uma fábrica e, por vezes, no caso dos trabalhadores de uma brigada em regime de trabalho a tempo com prêmio, expressam-se contradições no próprio seio da brigada (um exemplo prático, quando uma brigada recusa que um de seus trabalhadores dedique uma hora a aprender com outros camaradas, porque a produtividade do grupo diminui e os salários se ressentem). Portanto, pouco a pouco, construímos o socialismo e suprimimos a exploração do homem pelo homem.

Em regime capitalista, nas oficinas de uma fábrica, dependentes umas das outras não acontecem coisas parecidas? Será por acaso que os dois sistemas têm contradições de tipo semelhante?

As contradições entre os homens se refletem constantemente no setor socialista, mas quando estes não estão imbuídos de incompreensões extremas ou modos de atuar não revolucionários, são contradições não antagônicas que se resolvem dentro dos limites admissíveis pela sociedade. Admitimos que o setor estatal não constitui ainda, de modo nenhum, uma única grande empresa; e isso sucede por defeitos de organização, por falta de desenvolvimento de nossa sociedade e porque existem dois sistemas de financiamento.

Quando exprimimos nosso conceito de uma só empresa, baseamo-nos fundamentalmente na definição de mercadoria dada por Marx: "Para ser mercadoria, o produto tem de passar pelas mãos de outrem, de quem o consome, por meio de um ato de troca."; e na citação de Engels explicando que introduz o conceito de mercadoria para evitar o erro dos que consideram mercadoria todo o produto consumido por alguém que não seja o produtor, e dando o exemplo de que os produtos entregues pelo agricultor a título de tributo não são mercadorias, porque não existe troca. Engels dá um exemplo extraído da sociedade feudal, mas esse conceito de mercadoria, com os exemplos correspondentes, não pode aplicar-se à nossa época atual de construção do socialismo?

Consideramos que a passagem dos produtos de uma oficina a outra, ou de uma empresa a outra num sistema orçamental desenvolvido, não pode ser considerada um ato de troca; é simplesmente um ato de formação ou adição de novos valores mediante o trabalho. Quer dizer, se mercadoria é o produto que muda de propriedade por um ato de troca, ao estarem todas as fábricas em uma propriedade estatal, no sistema orçamental, onde esse fenômeno não se produz, o produto só adquirirá características de mercadoria quando, ao chegar ao mercado, passar para as mãos do povo consumidor.

Nossa opinião sobre os custos está exposta no já citado artigo, que apareceu nesta revista com a minha assinatura; para ele remetemos o leitor interessado.

No que respeita ao tamanho de Cuba, aplicando o critério de Mora, poderíamos propor que dividisse seu Ministério em nove Ministérios autônomos, um por andar, dada sua dimensão exagerada. Se ele não acreditar, experimente subir até seu gabinete pela escada e ficará convencido da verdade da afirmação. Se usa o telefone, o elevador e o intercomunicador é porque existem para isso; as distâncias em Cuba se medem por meios técnicos de comunicação moderna, não pelo tempo que demoravam nossos antepassados quando se deslocavam de um lado para o outro.

Essas são as nossas divergências.

Queremos que se saiba que essa polêmica que se abre com nossa réplica pode ter um grande valor para nossa formação à medida que formos capazes de a conduzir com o maior rigor científico e a maior serenidade. Não recusamos as confrontações mas, como estamos no centro de uma discussão que atinge os níveis superiores do governo e do partido, onde se mantêm duas linhas de pensamento sobre o sistema de financiamento, cremos que o cuidado na forma e no método de discussão é importante.

Saudamos a iniciativa do companheiro Mora, que conduziu a uma confrontação pública, ainda que achemos que é sempre preferível chamar as coisas pelo seu próprio nome. Felicitamo-lo pela qualidade da revista do Ministério do Comércio Externo, qualidade que tentaremos atingir em nossa modesta publicação.

CAPÍTULO 5

O sistema orçamental de financiamento[1]

Antecedentes gerais

Este tema já foi abordado, mas não o suficiente, e considero que é essencial começar a analisá-lo mais profundamente para poder dar uma ideia clara de seu alcance e metodologia.

Esse sistema foi consagrado oficialmente na Lei Reguladora do Sistema Orçamental de Financiamento das Empresas Estatais, e foi inaugurado no processo de trabalho interno do Ministério da Indústria.

Sua história é curta e remonta apenas ao ano de 1960, no qual começa a adquirir alguma consistência: mas não é nosso propósito analisar seu desenvolvimento, e sim o sistema tal como se apresenta agora, ficando entendido que sua evolução está longe de ter terminado.

Procuramos fazer a comparação com o chamado Cálculo Econômico; desse sistema relevamos o aspecto da autogestão financeira, por ser uma característica fundamental de diferenciação, e a atitude diante do estímulo material, que é sua base.

A explicação das diferenças torna-se difícil, pois estas são muitas vezes obscuras e sutis, e, além disso, o estudo do sistema orçamental de financiamento não foi suficientemente aprofundado de modo que sua explicação possa competir em clareza com a do Cálculo Econômico.

Começaremos com algumas citações. A primeira é dos manuscritos econômicos de Marx, da época em que sua produção foi batizada de *Obras da juventude*,

---

[1] Artigo publicado em *Nuestra Industria – Revista Económica*, n. 5, em fevereiro de 1964.

quando até mesmo em sua linguagem o peso das ideias filosóficas que contribuíram para sua formação se notava muito e suas ideias sobre economia eram mais imprecisas. Apesar disso, Marx estava na plenitude de sua vida, já tinha abraçado a causa dos homens e a explicava filosoficamente, ainda que sem o rigor científico de O *capital*. Pensava mais como filósofo e, portanto, referia-se mais especialmente ao homem como ser humano e aos problemas de sua libertação como ser social, sem todavia entrar na análise da inevitabilidade do desmantelamento das estruturas sociais da época para abrir caminho ao período de transição: a ditadura do proletariado.

Em *O capital*, Marx apresenta-se como o economista científico que analisa minuciosamente o caráter transitório das épocas sociais e a sua identificação com as relações de produção; não entra em investigações filosóficas. O peso desse monumento da inteligência humana é tal que frequentemente nos tem feito esquecer o caráter humanista (no melhor sentido da palavra) das suas inquietações. A mecânica das relações de produção e a sua consequência – a luta de classes, em certa medida, ocultam o fato objetivo de serem os homens que se movem no ambiente histórico. Agora interessa-nos o homem e daí a citação que, nem por ser da sua juventude, tem menos valor como expressão do pensamento do filósofo.

"O comunismo, superação positiva da propriedade privada (autoalienação humana) e, por conseguinte, real apropriação da essência humana pelo e para o homem, portanto retorno total do homem a si mesmo como homem social, quer dizer, humano, retorno consciente e alcançado dentro de toda a riqueza do desenvolvimento anterior. Este comunismo é, como naturalismo acabado, igual a humanismo e, como humanismo acabado, igual a naturalismo; é verdadeira solução do conflito entre o homem e a natureza e do homem contra o homem, a verdadeira solução da luta entre a existência e a essência, entre a objetivação e a afirmação de si próprio, entre a liberdade e a necessidade, entre o indivíduo e a espécie. É o segredo revelado da história e tem a *consciência* de ser a solução."[2]

A palavra *consciência* está sublinhada por considerá-la básica na apresentação do problema; Marx pensava na libertação do homem e via o comunismo como a solução das contradições que produzirão sua desalienação, mas como um ato consciente. Quer dizer, não podemos ver o comunismo meramente como o resultado de contradições de classe numa sociedade de elevado desenvolvimento, que se resolveriam numa etapa de transição para alcançar o auge, o homem é o ator consciente da história. Sem essa consciência, que engloba a de sua existência social, não pode haver comunismo.

Durante a elaboração de *O capital*, Marx não abandonou sua atitude militante; quando, em 1875, realizou o Congresso de Gotha para a unificação das organi-

---
[2] K. Marx, *Manuscritos econômico-filosóficos de 1844*.

zações operárias existentes na Alemanha (Partido Operário Social-democrata e Associação Geral dos Operários Alemães) e se elaborou o programa com o mesmo nome, sua resposta foi a *Crítica do Programa de Gotha*.

Esse texto, escrito no meio de seu trabalho fundamental, e com uma clara orientação polêmica, tem importância porque nele Marx se refere, ainda que de passagem, ao tema do período de transição. Na análise do ponto 3 do Programa de Gotha, alarga-se algo sobre determinados temas mais importantes desse período, por ele considerado o resultado do desmantelamento do sistema capitalista desenvolvido. Nessa etapa não se pressupõe o uso do dinheiro, mas sim a retribuição individual do trabalho porque:

"Aqui não se trata de uma sociedade comunista, que se tenha desenvolvido sobre a sua própria base, mas sim de uma que acaba precisamente de sair da sociedade capitalista e que, portanto, ainda traz em todos os seus aspectos, no econômico, no moral e no intelectual, a marca da velha sociedade de cujas entranhas provém. Nesta conformidade, o produtor individual obtém da sociedade – depois de feitas as deduções obrigatórias – exatamente o que lhe deu. O que o produtor deu à sociedade é a sua cota individual de trabalho.".[3]

Marx só pôde ter uma intuição do desenvolvimento do sistema imperialista mundial; Lenin o analisa e faz seu diagnóstico:

"O desenvolvimento desigual econômico e político é uma lei absoluta do capitalismo. Daqui se deduz que é possível que a vitória do socialismo comece por uns tantos países capitalistas ou, inclusive, por um só país capitalista. O proletariado triunfante deste país, depois de expropriar os capitalistas e de organizar a produção socialista dentro das suas fronteiras, estaria diante do restante do mundo, do mundo capitalista, atraindo para o seu lado as classes oprimidas desses países. Levantando neles a insurreição contra os capitalistas, empregando, caso necessário, inclusive a força das armas contra as classes exploradoras e os seus Estados.

"A forma política da sociedade em que o proletariado triunfe, derrubando a burguesia, será a república democrática, que centralizará cada vez mais as forças do proletariado dessa nação ou nações na luta contra os Estados que ainda não sejam socialistas. É impossível suprimir as classes sem uma ditadura da classe oprimida, do proletariado. A livre união das nações no socialismo é impossível sem uma luta tenaz, mais ou menos prolongada, das repúblicas socialistas contra os Estados atrasados".[4]

Poucos anos depois, Stalin sistematizou a ideia a ponto de considerar possível a revolução socialista nas colônias:

---

[3] K. Marx, *Crítica do Programa de Gotha*.
[4] Lenin, sobre a palavra de ordem dos Estados Unidos da Europa.

"A terceira contradição é a contradição entre um punhado de nações 'civilizadas' dominadoras e as centenas de milhões de homens dos povos do mundo colonizados e dependentes. O imperialismo é a exploração mais descarada e a opressão mais desumana das centenas de milhões de habitantes das imensas colônias e países dependentes. Permitir superlucros – tal é o objetivo desta exploração e opressão. Mas, ao explorar estes países, o imperialismo se vê obrigado a construir caminhos de ferro, fábricas e oficinas, centros industriais e comerciais. O aparecimento da classe dos proletários, a formação de uma intelectualidade, o despertar da consciência nacional, o incremento do movimento de libertação, são outros tantos resultados inevitáveis dessa 'política'. O incremento do movimento revolucionário em todas as colônias e em todos os países dependentes, sem exceção, atesta isto de um modo evidente. Essa circunstância é importante para o proletariado, uma vez que mina nas suas raízes as posições do capitalismo, convertendo as colônias e os países dependentes, de reservas do imperialismo, em reservas da revolução proletário."[5]

As teses de Lenin demonstraram-se na prática quando conseguem triunfar na Rússia, dando origem à URSS.

Estamos perante um fenômeno novo: o advento da revolução socialista num só país, economicamente atrasado, com 22 milhões de quilômetros quadrados, fraca densidade populacional, agudização da pobreza pela guerra e, como se tudo isso fosse pouco, agredido pelas potências imperialistas.

Depois de um período de comunismo de guerra, Lenin assenta as bases da NEP e, com elas, as bases do desenvolvimento da sociedade soviética até os nossos dias.

Aqui, é preciso destacar o momento que vivia a União Soviética e, para isso, ninguém melhor do que Lenin:

"Assim, em 1918 mantinha a opinião de que o capitalismo de Estado constituía um passo em frente relativamente à situação econômica então existente na República Soviética. Isso soa muito estranho e, realmente, até absurdo, pois a nossa República era já então uma República Socialista; adotávamos então, cada dia com mais pressa – talvez com uma pressa excessiva –, diversas medidas socialistas e, no entanto, pensava que o capitalismo de Estado representaria um passo em frente relativamente à situação econômica da República Soviética, e explicava essa ideia enumerando simplesmente os elementos do regime econômico da Rússia. Esses elementos eram, em sua opinião, os seguintes: 1) forma patriarcal, isto é, a mais primitiva, da agricultura; 2) pequena produção mercantil (incluindo a maioria dos camponeses que vendem o seu trigo); 3) capitalismo privado; 4) capitalismo de Estado; e 5) socialismo. Todos esses elementos econô-

....
[5] Stalin, *Os fundamentos do leninismo*.

micos coexistiam na Rússia nessa altura. Então me lancei à tarefa de explicar as relações que existiam entre esses elementos e de ver se não seria oportuno considerar superior ao socialismo algum dos elementos não socialistas, precisamente o capitalismo de Estado. Repito: parecer-vos-á a todos muito estranho que um elemento não socialista seja mais apreciado e considerado superior ao socialismo numa República que se proclama socialista. Mas vocês compreenderão a questão se recordarem que nós não considerávamos, nem de longe, o regime econômico da Rússia como algo homogêneo e altamente desenvolvido, mas antes tínhamos plena consciência de que, ao lado da forma socialista, havia na Rússia a agricultura patriarcal, quer dizer, a forma primitiva de economia agrícola. Que papel podia desempenhar o capitalismo de Estado em semelhante situação?

"Depois de salientar que, já em 1918, considerávamos o capitalismo de Estado uma possível linha de retirada tática, passo a analisar os resultados da nossa nova política econômica. Repito: era então uma ideia ainda muito vaga; mas, em 1921, depois de termos ultrapassado a etapa mais importante da guerra civil, e de a termos ultrapassado vitoriosamente, enfrentamos uma grande crise política interna – suponho que a maior – da Rússia Soviética, crise que suscitou o descontentamento, não só de uma parte considerável dos camponeses, mas também de operários. Foi a primeira vez, e confio que será a última na história da Rússia Soviética, que grandes massas de camponeses estavam contra nós, não de modo consciente, mas instintivo, dado o seu estado de espírito. A que se devia esta situação tão original e, claro, tão desagradável para nós? A causa foi que avançamos demasiado na nossa ofensiva econômica, e não asseguramos uma base suficiente, e as massas sentiram o que nós não soubemos então formular de maneira consciente mas que muito depressa, uma semana depois, reconhecemos: que a passagem direta para formas puramente socialistas de economia, para a distribuição puramente socialista, era superior às nossas forças e que, se não fôssemos capazes de fazer uma retirada tática para nos limitarmos a tarefas mais fáceis, seríamos ameaçados pela bancarrota.".[6]

Como se vê, a situação econômica e política da União Soviética tornava necessária a retirada tática de que Lenin falava. Essa política se caracteriza por ser uma tática estreitamente ligada à situação histórica do país, pelo que não se deve dar validade universal a todas essas afirmações. Parece-nos que é preciso considerar dois fatores de extraordinária importância ao pensar na implantação de uma tática desse tipo em outros países:

1º – As características da Rússia tsarista no momento da revolução, nelas incluindo o desenvolvimento da técnica em todos os níveis, o caráter especial de seu povo e as condições gerais do país, a que se somavam a destruição provo-

---

[6] Lenin, *Problemas da edificação do socialismo e do comunismo na URSS*.

cada por uma guerra mundial e as devastações das hordas brancas e dos invasores imperialistas.

2º – As características gerais da época, quanto às técnicas de direção e controle da economia.

Oskar Lange, em seu artigo "Os problemas atuais da ciência econômica na Polônia", afirma:

"A ciência econômica burguesa desempenha ainda outra função. A burguesia e os monopólios não destinam grandes meios à criação de escolas de nível superior e de institutos de análise científica no campo das ciências econômicas só com o objetivo de que sejam uma ajuda para a apologética do sistema capitalista. Esperam algo mais dos economistas, quer dizer, uma ajuda para a solução dos numerosos problemas ligados à política econômica. Na fase de concorrência do capitalismo, as tarefas neste campo eram limitadas, restringindo-se à administração financeira, à política monetária e aduaneira, aos transportes etc. Mas, nas condições do capitalismo monopolista e especialmente nas condições da recente penetração do capitalismo de Estado na vida econômica, este gênero de problemas aumenta. Podemos enumerar alguns: a análise do mercado para facilitar a política de preços dos grandes monopólios; os métodos de um conjunto de empresas industriais de direção centralizada; as regulamentações recíprocas de contabilidade entre estas empresas, a ligação e a propaganda da sua atividade e desenvolvimento, da localização, da política de amortizações ou de investimentos. De tudo isso resultam as questões relacionadas com a atividade do Estado capitalista no período atual, bem como os critérios de atividade das indústrias nacionalizadas, da sua política de investimentos e localização (por exemplo, no campo energético), do modo de intervenção político-econômica no conjunto da economia nacional etc.

"Acrescentaram-se a todos estes problemas uma série de aquisições técnico-econômicas que, em certos campos, como na análise do mercado ou na programação da atividade das empresas que fazem parte de um grupo, ou nas regras de contabilidade no interior de cada fábrica ou do grupo, nos critérios de amortização e outros, podem ser parcialmente utilizados por nós no processo de edificação do socialismo (como, sem dúvida, as utilizarão no futuro os trabalhadores dos países atualmente capitalistas, quando se der a transição para o socialismo).".

Reparemos que, quando isso foi escrito, Cuba não tinha realizado a transição, nem sequer iniciado a Revolução. Muitos dos avanços técnicos descritos por Lange existiam em Cuba; isto é, as condições da sociedade cubana daquela época permitiam o controle centralizado de algumas empresas, cuja sede era Havana ou Nova York. A Empresa Consolidada do Petróleo, formada com a unificação das três refinarias imperialistas existentes (Esso, Texaco e Shell), manteve e, em alguns casos, aperfeiçoou os sistemas de controle, e é considerada modelo neste Ministério. Naquelas em que não havia a tradição centralizadora nem as condições práticas, essas foram criadas na base de uma experiência nacional, como na Empresa Consolidada da Farinha, que mereceu o primeiro lugar entre as do vice-Ministério da Indústria Ligeira.

Ainda que a prática dos primeiros tempos da gestão das indústrias nos convença plenamente da impossibilidade de seguir racionalmente outro caminho (seria supérfluo discutir agora se as medidas organizativas que se tomaram teriam dado resultados semelhantes ou melhores com a implantação da autogestão da unidade), o importante é que isso produziu condições muito difíceis e que a centralização permitiu liquidar (no caso da indústria do calçado, por exemplo) grande quantidade de pequenas unidades ineficientes, e enviar 6 mil operários para outros ramos de produção.

Com essa série de citações, pretendemos fixar os temas que consideramos básicos para a explicação do sistema.

1º – O comunismo é uma meta da humanidade que se alcança conscientemente – logo, a educação, a liquidação dos defeitos da antiga sociedade na consciência das pessoas é um fator de extrema importância, sem esquecer, claro está, que sem avanços paralelos na produção não se pode chegar nunca a tal sociedade.

2º – As formas de condução da economia, numa ótica tecnológica, devem buscar-se onde estejam mais desenvolvidas e possam ser adaptadas à nova sociedade. A tecnologia da petroquímica do campo imperialista pode ser utilizada pelo campo socialista sem perigo de "contágio" da ideologia burguesa. No rumo econômico, sucede o mesmo em tudo o que se refere a regras técnicas de controle da produção e direção. Poderíamos, se não é considerado demasiado pretensioso, parafrasear Marx em sua referência à utilização da dialética de Hegel, e falar de inversão em relação a essas técnicas.

Uma análise das técnicas contabilísticas utilizadas hoje habitualmente nos países socialistas nos mostra que há entre elas e as nossas uma noção diferencial que poderia ser equivalente à que existe no campo capitalista entre capitalismo concorrencial e capitalismo monopolista. Enfim, as técnicas anteriores serviram de base para ambos os sistemas, com a necessária inversão e, daí em diante, separam-se os caminhos, já que o socialismo tem as suas relações de produção próprias e, consequentemente, as suas exigências próprias.

Podemos pois dizer que, como técnica, o antecessor do sistema orçamental de financiamento foi o monopólio imperialista radicado em Cuba, que já havia passado pelas adaptações inerentes ao longo processo de desenvolvimento da técnica de direção e controle, desde o início do sistema monopolista até os nossos dias, em que alcançou níveis superiores.

Quando os monopolistas se retiraram, levaram seus quadros superiores e alguns quadros médios; ao mesmo tempo, nossa noção imatura da revolução nos levou a destruir uma série de processos estabelecidos, pelo mero fato de serem capitalistas. Por isso, nosso sistema não alcançou ainda o grau de eficiência que tinham as sucursais dos monopólios quanto à direção e ao controle da produção; caminhamos nesse sentido, eliminando qualquer falha anterior.

Diferenças gerais entre o cálculo econômico e o sistema orçamental de financiamento

Entre o cálculo econômico e o sistema orçamental de financiamento, há diferenças em diversos níveis; tentaremos dividi-las em dois grandes grupos e explicá-las sumariamente. Há diferenças de ordem metodológica – prática, digamos – e diferenças de caráter mais profundo, mas cuja natureza pode, se não for feita com muito cuidado, dar uma aparência insignificante à análise.

Convém esclarecer agora que o que procuramos é uma forma mais eficiente de chegar ao comunismo; não há discrepância de princípio. O cálculo econômico demonstrou sua eficácia prática e, partindo das mesmas bases, temos em vista os mesmos fins; cremos que o esquema de ação do nosso sistema, convenientemente desenvolvido, pode aumentar a eficácia da gestão econômica do Estado socialista, elevar a consciência das massas e dar ainda mais coesão ao sistema socialista mundial, na base de uma ação integral.

A diferença mais imediata surge quando se fala de empresa. Para nós, uma empresa é um conglomerado de fábricas ou unidades que têm uma base tecnológica semelhante, um destino comum da produção ou, em alguns casos, uma localização geográfica delimitada; para o sistema de cálculo econômico, uma empresa é uma unidade de produção com personalidade jurídica própria. Uma central açucareira é para esse método uma empresa e, para nós, a totalidade das centrais açucareiras, e outras unidades relacionadas com o açúcar, constituem a Empresa Consolidada de Açúcar. Recentemente, a URSS fez ensaios deste tipo adaptados às condições próprias desse país-irmão.[7]

Outra diferença é a forma de utilização do dinheiro.

Em nosso sistema, ele só atua como dinheiro aritmético, como reflexo nos preços da gestão da empresa, que os organismos centrais analisarão para efetuar o controle de seu funcionamento; no cálculo econômico e não só isso, mas também meio de pagamento que atua como instrumento indireto de controle, pois são

---

[7] I. Ivonin, "Os combinados de empresas soviéticas. Nova forma de administração das indústrias", em *Nuestra Industria – Revista Económica*, n. 4.

esses fundos os que permitem à unidade atuar, e as suas relações com o banco são semelhantes às de um produtor privado em contato com bancos capitalistas aos quais tem de explicar exaustivamente os seus planos e demonstrar a sua solvência. Naturalmente que, nesse caso, não atuará a decisão arbitrária, mas sim a sujeição a um plano, efetuando-se as relações entre organizações estatais.

Em consequência da forma de utilizar o dinheiro, nossas empresas não têm fundos próprios; no banco existem contas separadas para retirar e depositar, e a empresa pode retirar fundos segundo o plano da conta geral de despesas e da conta especial de pagamento de salários, mas ao fazer um depósito este passa automaticamente à posse do Estado.

As empresas da maioria dos países-irmãos têm fundos próprios nos bancos, que reforçam com créditos destes, pelos quais pagam juros, apesar de esses fundos "próprios", tal como os créditos, pertencerem realmente à sociedade, sendo o estado financeiro da empresa traduzido por seu movimento.

Quanto às normas de trabalho, as empresas do cálculo econômico usam o trabalho regulamentado por tempo e o trabalho à peça por hora (empreitada); nós tratamos de levar todas as nossas fábricas a praticar o trabalho regulamentado por tempo, com prêmios de sobreprodução limitados pela tarifa do escalão superior. Retomaremos posteriormente essa questão em particular.

No sistema de Cálculo Econômico plenamente desenvolvido, há um método rigoroso de contratação, com penas monetárias por não cumprimento e baseado em um lastro jurídico estabelecido ao longo de vários anos de experiência. Em nosso país não há ainda tal estrutura, nem sequer para os organismos de autogestão como o Instituto Nacional de Reforma Agrária (INRA), e a sua implantação torna-se particularmente difícil dada a coexistência de dois sistemas tão diferentes. Por enquanto, existe a Comissão de Arbitragem, com carência de meios de execução, mas com uma importância que vai crescendo progressivamente e que pode ser a base de nossa futura estrutura jurídica. Internamente, entre organismos sujeitos ao regime de financiamento orçamental, a decisão é fácil, pois tomam-se medidas administrativas se as contas de controle estão bem movimentadas e em dia (coisa que já sucede na maioria das empresas deste Ministério).

Partindo do princípio de que em ambos os sistemas o plano geral do Estado é a autoridade máxima, obrigatoriamente respeitada, podem-se sintetizar as analogias e as diferenças operacionais, dizendo que a autogestão se baseia em um controle centralizado global e em uma descentralização mais acentuada, exercendo-se o controle indireto por meio do "rublo", pelo banco, e servindo o resultado monetário da gestão como medida para os prêmios; o interesse material é o grande fator de motivação individual e coletiva dos trabalhadores.

O sistema orçamental de financiamento baseia-se num controle centralizado da atividade da empresa; os seus planos de gestão econômica são controlados por organismos centrais, de uma forma direta; a empresa não tem fundos próprios nem recebe crédito bancário; usa individualmente o estímulo material, isto é, os prêmios e castigos monetários individuais, e no devido momento usará os estímulos coletivos, mas o estímulo material direto está limitado pela forma de pagamento da tarifa salarial.

Contradições mais sutis. Estímulo material e consciência

Aqui entramos em cheio no campo das contradições mais sutis e que devem ser mais bem explicadas. O tema estímulo material contra estímulo moral deu lugar a muitas discussões entre os interessados nesses assuntos. É necessário esclarecer bem uma coisa: *não negamos a necessidade objetiva do estímulo material*, mas insistimos quanto ao seu uso como motivação impulsionadora fundamental. Consideramos que, em economia, esse tipo de motivação rapidamente se afirma por si mesmo e impõe sua força nas relações entre os homens. Não se pode esquecer que vem do capitalismo e está destinado a morrer no socialismo.

Como o liquidaremos?

Pouco a pouco, com o aumento gradual dos bens de consumo para o povo, o que tornará esse estímulo desnecessário – respondem-nos. E nessa concepção vemos uma mecânica demasiado rígida. Os bens de consumo são o tema e definitivamente o grande elemento na formação da consciência, na concepção dos defensores do outro sistema. Na nossa opinião, estímulo material direto e consciência são termos contraditórios.

Esse é um ponto em que as nossas divergências assumem dimensões concretas. Não se trata já de variantes; para os partidários da autogestão financeira, o estímulo material direto, projetado no futuro e acompanhando a sociedade nas diversas etapas da construção do comunismo, não se contrapõe ao "desenvolvimento" da consciência, mas para nós se contrapõem. É por isso que lutamos contra seu predomínio, pois significaria atrasar o desenvolvimento da moral socialista.

Dado que o estímulo material se opõe ao desenvolvimento da consciência, mas tem grandes efeitos no campo da produção, será que a prioridade no desenvolvimento da consciência se traduzirá no atraso da produção? Em termos relativos, numa dada época, é possível que sim, ainda que ninguém tenha feito os cálculos apropriados; afirmamos que num prazo relativamente curto o desenvolvimento da consciência tem mais efeitos sobre o crescimento da produção do que o estímulo material, e o dizemos baseados na projeção geral do desenvolvimento da sociedade em transição para o comunismo, o que pressupõe que o trabalho deixe de ser uma necessidade penosa para se converter num imperativo agradável. Essa afirmação, carregada de subjetivismo, terá de ser sancionada pela experiência e nisso empenhamos nossos esforços; se, em seu decurso, demonstrar que é um entrave perigoso para o desenvolvimento das forças produtivas, será necessário tomar a decisão de cortar o mal pela raiz e voltar atrás; até agora, isso não sucedeu e o método, com os aperfeiçoamentos derivados da prática, adquire cada vez mais consistência e mostra sua coerência interna.

Qual é, então, a maneira correta de tratar o interesse material?

Cremos que nunca se pode esquecer sua existência, seja como expressão coletiva dos desejos das massas ou como presença individual, reflexo dos hábitos da velha sociedade na consciência dos trabalhadores.

Não temos até agora uma ideia bem definida para o tratamento sob a forma coletiva do interesse material, em razão de insuficiências no aparelho de planificação, o que impede que nos apoiemos nele com absoluta fé, e que não tenhamos podido até agora estruturar um método que permita superar as dificuldades; quanto a nós, o perigo maior está no antagonismo que se cria entre a administração estatal e os organismos de produção, antagonismo analisado pelo economista soviético Liberman que chega à conclusão de ser preciso modificar os métodos de estímulo coletivo, abandonando a antiga fórmula de prêmios baseados no cumprimento dos planos, para passar a outras mais avançadas.

Ainda que não estejamos de acordo com ele quanto à importância dada ao interesse material (como alavanca), parece-nos correta sua preocupação com as aberrações que o conceito "cumprimento do plano" sofreu no decurso dos anos. As relações entre as empresas e os organismos centrais tomam formas bastante contraditórias, e os métodos que aquelas usam para obter ganhos assumem por vezes características que têm pouco a ver com a imagem da moral socialista.

Achamos que, de certo modo, se desperdiçam as possibilidades de desenvolvimento oferecidas pelas novas relações de produção para acentuar a evolução do homem para "o reino da liberdade". Apontamos precisamente na nossa definição dos argumentos fundamentais do sistema a inter-relação existente entre educação e desenvolvimento da produção. Podemos tratar da tarefa da construção da nova consciência, porque estamos perante novas formas de relações de produção e porque, apesar de em sentido histórico geral a consciência ser produto das relações de produção, se devem considerar as características da época atual, cuja contradição fundamental (em nível mundial) é a que existe entre o imperialismo e o socialismo. As ideias socialistas atingem a consciência das pessoas do mundo inteiro, e por isso podemos adiantar um desenvolvimento ao estágio particular das forças produtivas num dado país.

Nos primeiros anos da URSS, o regime era caracterizado pelo Estado socialista, apesar das relações de tipo muito mais atrasado que existiam em seu seio. No capitalismo há restos de etapa feudal, mas é aquele sistema que caracteriza o país logo que triunfa nos aspectos fundamentais de sua economia. Em Cuba, o desenvolvimento das contradições entre dois sistemas mundiais permitiu o estabelecimento do caráter socialista da Revolução, caráter que lhe foi dado por um ato consciente, graças aos conhecimentos adquiridos por seus dirigentes, ao aprofundamento da consciência das massas e a inter-relação das forças mundiais.

Se tudo isso é possível, por que não pensar no papel da educação como verdadeiro auxiliar do Estado Socialista na tarefa de liquidar as velhas taras de uma sociedade que morreu e que leva para o túmulo as velhas relações de produção?

Vejamos o que diz Lenin: "Por exemplo, não pode ser mais vulgar a argumentação que empregam, decorada na época do desenvolvimento da social-democracia da Europa Ocidental, segundo a qual não temos maturidade para o socialismo, não existem no nosso país, como afirmam alguns senhores 'eruditos' que militam nas suas fileiras, as condições econômicas para o socialismo. E não passa pela cabeça de nenhum deles se interrogar a si próprio: mas não podia um povo que deparou com uma situação revolucionária como aquela, que se formou durante a primeira guerra imperialista, sob a influência da sua situação desesperada, lançar-se numa luta que lhe oferecesse, pelo menos, algumas perspectivas de conquistar condições fora do normal, para o posterior avanço da civilização?

"Todos os heróis da II Internacional e entre eles, naturalmente, Sujanov, andam para trás e para a frente com a tese de que a Rússia não atingiu um nível de desenvolvimento das forças produtivas para tornar possível o socialismo. Repetem esta tese 'indiscutível' de mil maneiras e parece-lhes decisiva para avaliar a nossa Revolução.

"Mas, quando por um conjunto singular de circunstâncias, a Rússia foi conduzida, primeiro para a guerra imperialista mundial, na qual intervieram todos os países mais ou menos importantes da Europa Ocidental, e foi colocada pela sua evolução no limite das revoluções do Oriente, que emergiam e em parte tinham já começado, em condições que permitiam pôr em prática precisamente essa aliança da 'guerra camponesa' com o movimento operário, de que falava referindo-se à Prússia em 1856 um 'marxista' como Marx, que fazer?

"E que fazer, quando numa situação absolutamente sem saída, decuplicando as forças dos operários e camponeses, se nos abria a possibilidade de passar à criação das premissas fundamentais da civilização, de modo diferente de todos os restantes países da Europa Ocidental? Terá se modificado por isso a linha geral do desenvolvimento da história universal? Terá se modificado por isso a correção essencial das classes fundamentais nos países que entram ou já entraram no curso geral da história universal?

"Se, para implantar o socialismo, se exige um determinado nível cultural (ainda que ninguém possa dizer qual é esse determinado 'nível cultural', pois ele difere de país para país na Europa Ocidental), porque não podemos começar pela conquista, pela via revolucionária, das premissas para esse determinado nível, e então, já com base no poder operário-camponês e no regime soviético, iniciar a marcha para alcançar os outros países?".[8]

Quanto à presença do interesse material sob uma forma individualizada, nós a admitimos (ainda que lutando contra ela e tratando de acelerar sua liquidação com a educação) e a aplicamos nas normas de trabalho a tempo com prêmio e na sanção salarial correspondente a seu não cumprimento.

A diferença sutil entre os partidários da autogestão e nós, em relação a esse ponto, está nos argumentos para pagar um salário regulamentado, e para os prêmios e castigos. A norma de produção é a quantidade média de trabalho que cria um produto em determinado tempo, com uma qualificação média e em determinadas condições de utilização do equipamento; é a entrega à sociedade de uma cota de trabalho por um dos seus membros, no cumprimento do seu dever social. Se se ultrapassam as normas, há um benefício maior para a sociedade e pode considerar-se que o operário que o faz cumpre melhor os seus deveres, merecendo portanto uma recompensa material. Aceitamos essa concepção como um mal necessário num período de transição, mas não aceitamos que a interpretação exata do princípio "de cada um segundo a sua capacidade, e a cada um segundo o seu trabalho" se deve traduzir no pagamento completo, adicional ao salário, da porcentagem de sobrecumprimento de uma certa norma (há casos em que o pagamento supera a porcentagem de sobrecumprimento, como estímulo extra da produtividade individual).

Marx explica bem claramente, na *Crítica do Programa de Gotha*, que uma parte considerável do salário do operário tem destinos muito afastados de sua relação imediata:

"Em primeiro lugar, tomemos as palavras 'fruto do trabalho' no sentido de produto do trabalho; então, o fruto do trabalho da coletividade será a totalidade do produto social. Mas daqui é necessário deduzir:

"1º Uma parte para repor os meios de produção consumidos;

"2º Uma parte suplementar para ampliar a produção;

"3º O fundo de reserva ou de seguro contra acidente, transtornos causados por fenômenos naturais etc.

"Estas deduções do 'produto integral do trabalho' constituem uma necessidade econômica, e a sua grandeza se determinará segundo os meios e as forças existentes, e em parte por meio do cálculo de probabilidades; o que de jeito nenhum se pode fazer é calculá-las numa base de equidade.

"Fica a parte restante do produto total destinada ao consumo.

"Mas, antes de esta parte chegar à repartição individual, é preciso deduzir ainda:

---

[8] Lenin, *Problemas de edificação do socialismo e do comunismo na URSS*.

"1º Os gastos gerais de administração, que não se referem diretamente à produção (aqui se conseguirá, desde o primeiro momento, uma redução muito considerável, em comparação à sociedade atual, redução que irá aumentando progressivamente com o desenvolvimento da nova sociedade);

"2º Os fundos para sustento das pessoas incapacitadas para o trabalho etc., em suma, tudo o que hoje compete à chamada beneficência oficial.

"Só depois disso podemos proceder à 'repartição' a que o programa, influenciado por Lassalle e numa concepção restrita, se refere como única, isto é, a parte dos bens de consumo que se reparte entre os produtores individuais da coletividade.

"O 'produto integral do trabalho' transformou-se já, imperceptivelmente, em 'produto parcial', ainda que o que se tira ao produtor como indivíduo lhe seja devolvido, direta ou indiretamente, na sua qualidade de membro da sociedade.

"E tal como se desfez a expressão 'produto integral do trabalho', desfaz-se agora a expressão 'produto do trabalho' em geral.".[9]

Tudo isso nos mostra que a amplitude dos fundos de reserva depende de uma série de decisões político-econômicas ou político-administrativas. Como todos os bens existentes na reserva saem sempre do trabalho não retribuído, devemos deduzir que as decisões sobre o volume dos fundos analisados por Marx provocam modificações nos pagamentos, isto é, variações no volume de trabalho não retribuído diretamente. A tudo o que se expôs há que acrescentar que não existe, ou se desconhece, uma regra matemática que determine o "justo" prêmio de sobrecumprimento (tampouco de salário-base) e, portanto, a estrutura jurídica que sancione a forma de distribuição pela coletividade de uma parte do trabalho do operário individual deverá se basear fundamentalmente nas novas relações sociais.

Nosso sistema de normas tem o mérito de estabelecer a obrigatoriedade de aptidão profissional para ascender de uma categoria a outra, o que com o tempo trará uma elevação considerável no nível técnico.

O não cumprimento da norma significa não cumprimento do dever social; a sociedade castiga o infrator com o desconto de uma parte dos seus ganhos. A norma não é um simples ponto de referência a estabelecer uma medida possível, ou uma convenção sobre medida do trabalho; é a expressão de uma obrigação moral do trabalhador, *é o seu dever social*. É nesse sentido que devem convergir a ação de controle administrativo e a de controle ideológico. O grande papel do Partido na unidade de produção é o de ser o seu motor interno e utilizar todas as formas de exemplo de seus militantes para que o trabalho produtivo, a formação profissional e a participação nos assuntos econômicos da unidade sejam parte integrante da vida dos operários e se tornem hábito insubstituível.

---

[9] K. Marx, *Crítica do Programa de Gotha*.

Sobre a lei do valor

Há uma diferença profunda (pelo menos quanto ao rigor das expressões empregados) entre a concepção da lei do valor e a possibilidade de seu uso consciente apresentadas pelos defensores do Cálculo Econômico e por nós.

O *Manual de economia política* diz:

"Contrariamente ao capitalismo, onde a lei do valor atua como uma força cega e espontânea que se impõe aos homens, na economia socialista há consciência da lei do valor e o Estado a constata e a *utiliza* na prática da direção planificada da economia. O conhecimento da ação da lei do valor e a sua *utilização inteligente* auxiliam necessariamente os dirigentes da economia a canalizar racionalmente a produção, a melhorar sistematicamente os métodos de trabalho e a aproveitar as reservas latentes para produzir mais e melhor.".[10]

As palavras que destacamos indicam o espírito dos parágrafos.

A lei do valor atuaria como uma força cega mas conhecida e, portanto, manejável ou utilizável pelo homem. Mas essa lei tem determinadas características:

1º – Está condicionada pela existência de uma sociedade mercantil;

2º – Seus resultados não são susceptíveis de medição *a priori* e devem refletir-se no mercado onde produtores e consumidores fazem as trocas;

3º – É coerente num todo que inclui mercados mundiais, e as trocas e as distorções em certos ramos da produção se refletem no resultado global;

4º – Dado seu caráter de lei econômica, atua fundamentalmente como tendência e, nos períodos de transição, sua tendência lógica é desaparecer.

Alguns parágrafos adiante, o *Manual* diz:

"O Estado socialista utiliza a lei do valor, realizando por meio do sistema financeiro e de crédito o controle sobre a produção e distribuição do produto social. O controle da lei do valor e a sua utilização de acordo com um plano constituem uma enorme vantagem do socialismo em relação ao capitalismo. Graças ao controle da lei do valor, a sua ação na economia socialista não se alia ao desperdício do trabalho social, desperdício inerente à anarquia da produção, própria do capitalismo. A lei do valor e as categorias que com ela se relacionam – o dinheiro, o preço, o comércio, o crédito, as finanças – são utilizadas com êxito pela URSS e pelos países de democracia popular, com vista à construção do socialismo e do comunismo, no processo de direção planificada da economia nacional.".[11]

Isso só pode ser considerado exato quanto à grandeza total de valores produzidos para uso direto da população e respectivos fundos disponíveis para sua aquisição, o que poderia ser feito por qualquer ministro das Finanças capitalista

---

[10] Academia de Ciências da URSS, Instituto de Economia, *Manual de economia política*.
[11] Idem.

com umas finanças relativamente equilibradas. Nesse contexto, todas as distorções parciais da lei são possíveis.

Mais adiante, constatamos:

"A produção mercantil, a lei do valor e o dinheiro só se extinguirão quando se atingir a fase superior do comunismo. Mas, para criar as condições que tornem possível a extinção da produção e da circulação mercantis na fase superior do comunismo, é necessário *desenvolver* e utilizar a lei do valor e as relações monetário-mercantis durante o período de construção da sociedade comunista.".[12]

Por que *desenvolver*? Entendemos que durante determinado tempo se devam manter as categorias do capitalismo e que esse prazo não se pode determinar de antemão, mas as características do período de transição são as de uma sociedade que rompe suas velhas amarras para ingressar rapidamente na nova etapa. A *tendência* deve ser, quanto a nós, para liquidar o mais vigorosamente possível as categorias antigas, entre as quais figuram o mercado, o dinheiro e, portanto, o interesse material como motor, ou melhor, as condições que determinam sua existência.

O contrário faria supor que a tarefa da construção do socialismo numa sociedade atrasada é algo como um acidente histórico, e que os seus dirigentes, para repararem o erro, devem-se dedicar à consolidação de todas as categorias inerentes à sociedade intermédia, ficando como únicos fundamentos da nova sociedade a distribuição do rendimento de acordo com o trabalho e a tendência para liquidar a exploração do homem pelo homem, o que por si se mostra insuficiente como fator de desenvolvimento da gigantesca modificação de consciência necessária para enfrentar a transição, modificação que deverá se verificar pela ação múltipla de todas as novas relações, da educação e da moral social, contra a concepção individualista que o estímulo material direto exerce sobre a consciência travando o desenvolvimento do homem como ser social.

Para resumir as nossas divergências: consideramos a lei do valor parcialmente existente, devido a restos da sociedade mercantil que subsistem, o que se reflete também no tipo de mudança que se efetua entre o Estado fornecedor e o consumidor; cremos que, particularmente numa sociedade com um comércio externo muito desenvolvido, como a nossa, a lei do valor à escala internacional deve ser aceita como um fato que dirige as transações comerciais, mesmo no campo socialista, e reconhecemos a necessidade de que esse comércio passe imediatamente a formas superiores nos países da nova sociedade, impedindo que se agravem as diferenças entre os países desenvolvidos e os mais atrasados por ação das trocas. Em outras palavras, é necessário encontrar fórmulas de comércio que permitam o financiamento dos investimentos industriais nos países em desenvolvimento, mesmo que se infrinjam os sistemas de preços existentes no mercado mundial

---

[12] Op. cit.

capitalista, o que permitirá o progresso mais igual de todo o campo socialista, com as naturais consequências de limar arestas e dar força ao espírito do internacionalismo proletário (o restante do acordo entre Cuba e a URSS é uma prova dos passos que podem ser dados nesse sentido).

Negamos a possibilidade do uso consciente da lei do valor, baseados na inexistência de um mercado livre que expresse automaticamente a contradição entre produtores e consumidores; negamos a existência da categoria *mercadoria* na relação entre empresas estatais e consideramos todos os estabelecimentos como parte da única grande empresa que é o Estado (embora, na prática, isso ainda aconteça ainda em nosso país). A lei do valor e o plano são duas expressões ligadas por uma contradição e sua solução, pelo que podemos dizer que a planificação centralizada é a afirmação da sociedade socialista, a categoria que a define e o ponto em que a consciência do homem consegue finalmente sintetizar e orientar a economia em direção a seu objetivo, a plena libertação do ser humano no quadro da sociedade comunista.

Sobre a formação de preços

Temos também divergências profundas no que se refere à teoria da formação de preços. Na autogestão, formam-se os preços "atendendo à lei do valor", mas não se explica qual a expressão da lei do valor que é tomada. Parte-se do trabalho socialmente necessário para se produzir um dado artigo, mas negligenciando o fato de que o trabalho socialmente necessário é um conceito econômico-histórico e, portanto, em mutação, não só em nível local (ou nacional) mas também em termos mundiais. Os progressos contínuos na tecnologia, consequência da concorrência no mundo capitalista, diminuem o quantitativo de trabalho necessário e, portanto, o valor do produto. Uma sociedade fechada pode ignorar as mudanças durante um determinado tempo, mas terá sempre de recorrer a essas relações internacionais para confrontar seu valor. Se uma dada sociedade ignora-as durante um lapso de tempo prolongado, sem desenvolver fórmulas novas e exatas que as substituam, serão criadas inter-relações internas que configuram seu próprio esquema de valor, coerente consigo mesmo, mas contraditório com as tendências da técnica mais desenvolvida (por exemplo, do aço e do plástico), isso pode provocar atrasos relativos de certa importância e, inevitavelmente, distorções da lei do valor na escala internacional que tornam as economias incomparáveis.

O "imposto de circulação" é uma ficção contabilística mediante a qual se mantêm determinados níveis de rentabilidade nas empresas, encarecendo o produto para o consumidor, de modo a nivelar a oferta de artigos com o fundo da procura solvente; cremos que é uma imposição do sistema, mas não uma necessidade absoluta, e procuramos atualmente fórmulas que contemplem todos esses aspectos.

Consideramos necessária uma estabilização global do fundo de mercadorias e da procura solvente: o Ministério do Comércio Interno se encarregaria de nivelar a capacidade de compra da população com os preços das mercadorias oferecidas, considerando sempre que toda uma série de artigos de caráter essencial para a vida humana deve ser oferecida a preços baixos, ainda que se tenha de majorar os preços de outros artigos menos importantes, ignorando manifestamente a lei do valor em cada caso concreto.

Aqui surge um grande problema: qual será a base da formação de preços reais que a economia deve adotar na análise das relações de produção? Poderia ser a análise do trabalho necessário em termos cubanos. Isso implicaria distorções imediatas e a perda de visão dos problemas mundiais pelas necessárias inter-relações automáticas que se criariam. Poderíamos, pelo contrário, adotar o preço mundial, mas isso acarretaria a perda de visão dos problemas nacionais, já que nosso trabalho não tem uma produtividade aceitável em quase nenhum setor.

Propomos, como primeira aproximação ao problema, que se considere a criação de índices de preços baseados no seguinte:

Todas as matérias-primas de importação terão um preço fixo, estável, baseado numa média do mercado internacional acrescida de mais uns pontos para o custo do transporte e do aparelho do Comércio Externo. Todas as matérias-primas cubanas teriam o preço de seu custo real de produção em termos monetários. Acrescentaríamos a ambos as despesas de trabalho planificadas, mais o desgaste dos meios básicos para elaborá-las, e esses seriam os preços dos produtos entregues ao Comércio Interno e entre as empresas, mas estariam constantemente afetados por índices que refletissem o preço dessa mercadoria no mercado mundial, mais os custos de transporte e de Comércio Externo.

As empresas que atuam segundo o regime de financiamento orçamental trabalhariam na base de seus custos planificados e não teriam lucros; esses iriam todos para o Mincin (Ministério do Comércio Interno – naturalmente, isso se refere à parte do produto social que se realiza como mercadoria, fundamentalmente como fundo de consumo); os índices nos diriam continuamente (ao aparelho central e à empresa) qual a nossa real eficácia e evitariam que se tomassem decisões erradas. A população não sofreria nada com todas essas mudanças, pois os preços da mercadoria que compra estão fixados independentemente, atendendo à procura e à necessidade vital de cada produto.

Por exemplo, para calcular o montante de um investimento, faríamos o cálculo das matérias-primas e dos equipamentos diretamente importados, o custo da construção e da montagem, o custo dos salários planificados, tendo em conta as possibilidades reais e certa margem para o custo do aparelho construtor. Isso poderia nos fornecer, ao finalizar o investimento, três resultados:

1º O custo real monetário da obra;
2º O que deveria custar a obra segundo nossa planificação;
3º O que deveria custar em termos de produtividade mundial.

A diferença entre a primeira e a segunda resultaria da ineficácia do aparelho construtor; a diferença entre a segunda e a terceira seria o índice de nosso atraso no setor em questão.

Isso nos permite tomar decisões fundamentais sobre o emprego alternativo de materiais, como o cimento, o ferro, os plásticos os tetos de fibrocimento, alumínio ou zinco; as tubagens de ferro, chumbo ou cobre; o uso de janelas de madeira, ferro ou alumínio etc.

Todas as decisões podem vir a ser desviadas do ótimo matemático, atendendo a razões políticas, de Comércio Externo etc., mas teríamos sempre o espelho dos sucessos reais no mundo para avaliar nosso trabalho. Os preços nunca estarão separados de sua imagem mundial, que variará em determinados anos, de acordo com os avanços da tecnologia, e onde o mercado socialista e a divisão internacional do trabalho terão cada vez maior predominância, alcançando-se um sistema socialista mundial de preços mais lógico que o usado atualmente.

Poderíamos continuar a aprofundar esse interessantíssimo tema, mas é preferível deixar aqui esboçadas algumas ideias primárias, esclarecendo que tudo isso necessita de uma elaboração posterior.

Os prêmios coletivos

Sobre os prêmios coletivos à gestão da empresa, queremos mencionar em primeiro lugar as experiências expostas por Fikriat Tabeiev, "Investigação econômica e direção da economia", no n. 11, 1963, da *Revista Internacional*, onde diz:

"Qual será então o índice fundamental e decisivo para comparar o trabalho das empresas? As investigações econômicas deram lugar a várias propostas nesse sentido. Alguns economistas propõem como índice principal a norma de acumulação; outros, o gasto de trabalho etc. A imprensa soviética refletiu nas suas páginas a ampla discussão provocada por um artigo do professor Liberman, no qual se propunha como expoente fundamental do trabalho da empresa o grau de rentabilidade, a norma de acumulação e o ganho. Achamos que, para julgar o funcionamento de uma empresa, convém atender antes de mais nada à contribuição do seu pessoal para um dado tipo de produção. Isso não está, em última análise, em oposição com a luta por uma rentabilidade suficientemente elevada da produção, e permite concentrar melhor os esforços do pessoal da empresa no aperfeiçoamento do processo produtivo. As organizações sociais da Tartária propuseram que se utilizasse como índice principal a norma de valor da elaboração de cada peça. Para comprovar a possibilidade de pôr em prática tal proposta, realizou-se uma experiência econômica.

"Em 1962, foram determinadas e aprovadas as normas de valor da elaboração para a produção de todos os ramos da indústria da Tartária. Esse ano constituiu um período de transição, durante o qual o novo índice foi utilizado na planificação paralelamente ao índice da produção global. O índice baseado na norma de valor da elaboração exprime as despesas tecnicamente justificadas, que incluem o salário e os extras recebidos pelos operários, mais as despesas de oficina e de toda a fábrica, para a produção de cada artigo.

"Devemos assinalar que a aplicação desse índice não tem nada a ver com os 'infernais' sistemas de contabilidade do trabalho usados nos países capitalistas. Nós nos orientamos de um modo consequente para utilizar racionalmente os processos produtivos, e não para intensificar o trabalho em proporções desmesuradas. As tarefas de estabelecimento das normas de trabalho são todas realizadas com a participação direta do pessoal das empresas e das organizações sociais, particularmente dos sindicatos.

"Ao contrário do índice de produção global, a norma de valor da elaboração não inclui a imensa maioria das despesas materiais – trabalho previamente materializado noutras empresas – nem os ganhos, isto é, aqueles elementos do valor da produção global e mercantil que desvirtuam o verdadeiro volume da atividade produtiva da empresa. Ao refletir com mais exatidão sobre o trabalho investido na fabricação de cada artigo, o índice que exprime a norma de valor da elaboração permite determinar de modo mais real as tarefas relativas à elevação do rendimento, à queda dos custos e à rentabilidade de determinado tipo de produção. Também é o mais conveniente do ponto de vista da planificação interna da fábrica e da organização do cálculo econômico na empresa. Além disso, permite comparar a produtividade do trabalho em empresas afins.".

Esta investigação soviética nos parece digna de estudo e coincide em alguns aspectos com nossa tese.

Resumo das ideias sobre o sistema orçamental de financiamento

Para resumir nossas ideias sobre o sistema orçamental de financiamento, devemos começar por esclarecer o que é um conceito global, isto é, que sua ação objetiva se exerceria quando participasse em todos os aspectos da economia, num todo único que, partindo das decisões políticas e passando pela Junta Central de Planificação (Juceplan), chegasse às empresas e unidades através dos canais do Ministério e aí se fundisse com a população para voltar à origem da decisão política, formando uma gigantesca roda bem nivelada, na qual se poderiam modificar determinados ritmos mais ou menos automaticamente, porque o controle da produção o permitiria.

Os Ministérios teriam a responsabilidade específica de estabelecer e controlar os planos, o que seria executado pelas empresas e unidades, de acordo com escalas de decisão que podem ser mais ou menos elásticas, segundo o grau de organização alcançado, o tipo de produção ou o momento. A Juceplan se encarregaria dos controles globais e centrais da economia e seria auxiliada nessa ação pelo Ministério das Finanças, em todo o controle financeiro, e do Trabalho, na planificação da força do trabalho.

Como isso não acontece, descreveremos nossa realidade atual com todas as suas limitações, os seus pequenos triunfos, os seus defeitos e as suas derrotas, algumas justificadas ou justificáveis, outras produto de nossa inexperiência ou de falhas grosseiras.

A Juceplan formula somente as linhas gerais do plano e dos elementos de controle dos produtos ditos básicos e que ela mais ou menos controla. Os organismos centrais, entre os quais se inclui o Ministério da Indústria, controlam os produtos ditos centralizados, sendo os outros produtos determinados por contratação entre as empresas. Após o estabelecimento e a compatibilização do plano, assinam-se os contratos – por vezes, até se faz isso previamente – e o trabalho começa.

O aparelho central do Ministério encarrega-se de assegurar o cumprimento da produção no plano da empresa, e a empresa deve encarregar-se do cumprimento no plano da unidade. O fundamental é que a contabilidade se consolide nestes dois pontos: a empresa e o Ministério. Os meios básicos e os inventários devem-se manter controlados no âmbito central, de modo que se possam deslocar facilmente em todo o conjunto das unidades os recursos que por algum motivo se encontrem imóveis em determinadas unidades. O Ministério tem também autoridade para deslocar os meios básicos entre empresas distintas. Os fundos não têm caráter mercantil, por isso só se faz a correspondente anotação nos livros, dando baixa num lado e entrada noutros. Uma parte da produção é entregue diretamente à população por intermédio do Mincin, e outra às unidades produtivas de outros tipos, para as quais constitui produção intermédia.

Nossa ideia fundamental é de que em todo esse processo o produto vá adquirindo valor pelo trabalho que sobre ele incide, mas que isso não implique necessariamente relações mercantis entre as empresas; muito simplesmente, os contratos de entrega e as correspondentes ordens de compra, ou o documento a ser exigido num dado momento, registram o cumprimento do dever de produção e entrega de determinado produto. O fato de uma empresa aceitar um artigo significaria (em termos ideais de determinada forma no momento atual, diga-se) o reconhecimento da qualidade do produto. Este se converte em mercadoria ao mudar juridicamente de possuidor, entrando no consumo individual. Os meios de produção para outras empresas não constituem mercadorias, mas devem ser valorizados de acordo com os índices anteriormente propostos, em relação ao trabalho necessário na norma destinada ao consumo, para que se possa atribuir um preço ao meio de produção básico ou à matéria-prima de que se trate.

Qualidade, quantidade e escolha devem seguir planos trimestrais. Na unidade, esta pagaria o salário diretamente aos operários, de acordo com suas normas de trabalho. Resta uma questão que não foi ainda abordada: a forma de a coletividade retribuir uma unidade produtiva por sua ação particularmente brilhante, ou mais brilhante que a média, no conjunto da economia, e de castigar ou não outras fábricas que não tenham sido capazes de cumprir adequadamente sua função.

O ESTADO ATUAL DO SISTEMA ORÇAMENTAL DO FINANCIAMENTO

O que acontece hoje em dia? Em primeiro lugar, acontece que a fábrica não pode nunca contar com os abastecimentos na forma e no momento assinalado, de modo que ela não cumpre seus planos de produção e, o que é pior, recebe em muitos casos matérias-primas para processos de tecnologia diferente, o que obriga a modificações tecnológicas para sua transformação; isso incide sobre os custos diretos de produção, sobre a quantidade de mão de obra e, por vezes, sobre os investimentos, desmantelando muitas vezes todo o plano e obrigando a frequentes mudanças.

Atualmente, em nível ministerial, temos sido reduzidos a meros receptores e registradores de todas essas anomalias, mas já estamos entrando na fase em que poderemos atuar sobre determinadas categorias do plano, pelo menos para exigir que qualquer desvio seja previsto de forma contábil ou matemática para que possa ser controlado.

Não existem, no entanto, aparelhos automáticos necessários para que todos os controles se façam velozmente e os índices possam ser analisados; não há suficiente capacidade de análise, nem suficiente capacidade de entrega de índices ou dados corretos para sua interpretação.

As empresas estão unidas diretamente a suas fábricas, por vezes por telefone ou telégrafo ou por algum delegado provincial, noutros casos, por meio das delegações do Ministério que servem de controle; e nos municípios, ou lugares econômico-políticos desse tipo, funcionam os chamados Cilos, que são uma reunião de administradores de unidades vizinhas, que têm a responsabilidade de analisar os seus problemas e de decidir em relação a pequenas ajudas mútuas cujos trâmites burocráticos seriam muito morosos por meio de todos os canais, e em alguns casos podem ceder meios básicos, mas sempre considerando ser preciso consultar a empresa correspondente antes de fazer transferências definitivas.

Nos primeiros dias de cada mês, a estatística de produção chega ao Ministério, onde se faz a análise até no mais alto nível e se tomam as medidas fundamentais para corrigir os defeitos. Nos dias seguintes, vão chegando outras estatísticas mais elaboradas, que permitem também ir tomando em diferentes níveis medidas concretas para solucionar problemas.

Quais são as debilidades fundamentais do sistema? Cremos que, em primeiro lugar, deva-se colocar a falta de maturidade. Em segundo, a escassez de quadros realmente capacitados em todos os níveis. Em terceiro, a falta de uma difusão completa de todo o sistema e de seus mecanismos, para que as pessoas pudessem *compreendê-lo* melhor. Podemos citar também a falta de um aparelho central de planificação que funcione da mesma maneira e com uma hierarquia absoluta, o que poderia facilitar o trabalho. Citamos falhas no abastecimento de materiais e falhas no transporte, que por vezes nos obrigam a acumular produtos e outras nos impedem de produzir; falhas em todo o nosso aparelho de controle de qualidade e nas relações (que deviam ser muito estreitas, muito harmônicas e muito bem definidas) com os organismos de distribuição, particularmente Ministério do Comércio Interno (Mincin) e com alguns organismos fornecedores, particularmente o Ministério do Comércio Externo (Mincex) e o Instituto Nacional de Reforma Agrária (INRA).

Ainda é difícil precisar quais as insuficiências devidas a fraquezas inerentes ao sistema e quais as que, em grande parte, se devem a nosso estado atual de organização.

A fábrica não tem neste momento, nem tampouco a empresa, um estímulo material de tipo coletivo; isso não corresponde a uma ideia central de todo o esquema, mas sim a não se ter alcançado ainda a suficiente profundidade organizativa para poder fazê-lo noutra base que não a do simples cumprimento ou sobrecumprimento dos principais planos da empresa, por razões já apontadas anteriormente.

Imputa-se ao sistema uma tendência para o burocratismo, e um dos pontos em que se deve insistir constantemente é a racionalização de todo o aparelho administrativo, para que a burocracia seja o menos penosa possível. Ora, do ponto de vista da análise objetiva, é evidente que existirá muito menos burocracia quanto mais centralizadas estiverem todas as operações de registro e controle da empresa ou unidade, de tal maneira que, se todas as empresas pudessem ter seus aspectos administrativos centralizados, seu aparelho se reduziria ao pequeno núcleo de direção da unidade e ao coletor de informações a serem enviadas à central.

Tal é impossível no momento atual, mas temos no entanto de partir para a criação de unidades de dimensão ótima, o que é muito facilitado pelo sistema ao estabelecer as normas de trabalho com um único tipo de qualificação salarial, de modo que se rompem as ideias estreitas sobre a empresa como centro de ação do indivíduo e se põe em primeiro lugar a consideração da sociedade em seu conjunto.

Vantagens gerais do sistema

Em nossa opinião, esse sistema tem as seguintes vantagens:

1) Dirigindo-se para a centralização, tende para a utilização mais racional de fundos de caráter nacional;

2) Tende para maior racionalização de todo o aparelho administrativo do Estado;

3) Essa mesma tendência para a centralização nos obriga a criar unidades maiores, dentro de limites adequados que poupam força de trabalho e aumentam a produtividade;

4) Integrado em um sistema único de normas, faz de todo o Ministério, em um caso, e de todos os Ministérios, se possível, uma única grande empresa estatal na qual se pode passar de um lado para o outro e ascender em ramos diferentes sem que haja problemas salariais, e simplesmente cumprindo uma escala de tipo nacional;

5) Contando com organismos construtores orçamentados, podemos simplificar muito o controle dos investimentos, cuja vigilância concreta será feita pelo investidor contratante e cuja supervisão financeira será feita pelo Ministério das Finanças.

É importante assinalar que se vai criando no operário a ideia geral de cooperação entre todos, a ideia de pertencer a um grande conjunto que é o da população do país; impulsiona-se o desenvolvimento de sua consciência do dever social.

É interessante a seguinte citação de Marx que, ao tirarmos as palavras que pressupõem o sistema capitalista, expõe o processo de formação das tradições de trabalho, podendo-nos servir como antecedente para a construção do socialismo:

"Não basta que as condições de trabalho se cristalizem num dos polos como capital e no polo contrário como homem que não tem mais nada para vender senão a sua força de trabalho. Nem basta tampouco obrigar esses a venderem-se voluntariamente. No decurso da produção capitalista, vai-se formando uma classe operária que, por força da educação, da tradição, do costume, se submete às exigências deste regime de produção como às mais lógicas leis naturais. A organização do processo capitalista de produção já desenvolvido vence todas as resistências; a existência constante de uma superpopulação relativa mantém a lei da oferta e da procura de trabalho ao sabor das necessidades de exploração do capital, e a pressão surda das condições econômicas ratifica o poder do capitalista sobre o operário. No entanto, emprega-se de vez em quando a violência direta, extraeconômica; mas só em casos excepcionais. Dentro da marcha natural das coisas, já se pode deixar o operário à mercê das 'leis naturais da produção', quer dizer, entregue ao predomínio do capital, predomínio que as próprias condições de produção engendram, garantem e perpetuam.".

Desenvolvem-se as forças produtivas, transformam-se as relações de produção; tudo espera a ação direta do Estado operário sobre a consciência.

Em relação ao interesse material, o que queremos conseguir com esse sistema é que a motivação não se converta em algo que obrigue o indivíduo, como indivíduo, ou a coletividade de indivíduos, a lutar desesperadamente com outros para assegurar determinadas condições de produção ou de distribuição que o coloque em condições privilegiadas.

Fazer que o dever social seja o ponto fundamental no qual se apoia todo o esforço do trabalho do operário, mas vigiar o trabalho, conscientes de suas fraquezas, premiar ou castigar, aplicando estímulos ou sanções materiais de tipo individual ou coletivo, quando o operário ou a unidade de produção for ou não capaz de cumprir seu dever social.

Além disso, a obrigatoriedade de aptidão profissional para a promoção, quando puder ser levada a efeito à escala nacional, provocará uma tendência geral para o estudo em toda a massa operária do país, aptidão que não será travada por nenhuma situação peculiar local, pois o quadro de trabalho é todo o país; e que provoca, em consequência, uma tendência muito considerável para o aprofundamento técnico.

É de considerar, além disso, que, mediante uma política de subsídios, podem-se obter facilmente estudantes operários que se tornem aptos para passar a outros postos de trabalho, e ir assim liquidando as zonas em que o trabalho vivo é maior, para criar fábricas de um tipo mais produtivo, quer dizer, mais de acordo com a ideia central de passar ao comunismo, à sociedade da grande produção e da satisfação das necessidades fundamentais do homem.

Faltaria ainda destacar o papel educador a ser desempenhado pelo Partido, para que o centro de trabalho se converta no expoente coletivo das aspirações e das inquietações dos trabalhadores e para que seja o lugar onde tomam forma os seus desejos de servir a sociedade.

Poderíamos considerar o centro de trabalho como a base do núcleo político da sociedade futura, cujas indicações, passando a organismos políticos mais completos, dariam ao partido e ao governo oportunidade de tomar as decisões fundamentais para a economia ou para a vida cultural do indivíduo.

CAPÍTULO 6

Considerações sobre os custos da produção como base da análise econômica das empresas em sistema orçamental

ENTRE OS MÚLTIPLOS PROBLEMAS postos pela prática da planificação numa economia socialista, é necessário ter em conta a análise da gestão das empresas à luz da nova situação criada pelo desenvolvimento da Revolução.

O mercado capitalista organiza-se com base na lei do valor, que nesse mercado se exprime diretamente. A análise da lei do valor não pode ser empreendida fora de seu meio natural, isto é, do mercado capitalista, onde a lei do valor assume sua verdadeira expressão. Durante o processo de construção da sociedade socialista, numerosas relações de produção mudam à medida que muda a propriedade dos meios de produção e o mercado perde as características de livre concorrência (independentemente da ação dos monopólios) e adquire características novas pela inclusão do setor socialista, que atua conscientemente sobre a economia de mercado.

Em nosso caso, quando há falta de mercadorias, produz-se imediatamente um aumento de preços no mercado, que restabelece noutro nível a relação entre oferta e procura. Mas decidimos pelo bloqueio firme de preços, estabelecendo um sistema de racionamento no qual o valor real das mercadorias só pode ser expressa por intermédio do mercado, que atualmente tem características particulares. Mesmo quando o racionamento constitui um período de transição, com o tempo a economia planificada no interior de um país separará suas características das do mundo exterior. No complexo processo de produção e distribuição de bens intervêm matérias-primas e despesas de toda espécie que contribuem para a determinação do preço. Quando todos os produtos atuam de acordo com os preços que têm certas relações internas entre si, diferentes das relações desses produtos no mercado capitalista, cria-se uma nova relação de preços, que não tem comparação com a mundial.

Como fazer para os preços coincidirem com o valor? Como manejar conscientemente o conhecimento da lei do valor para conseguir, por um lado, o equilíbrio do fundo mercantil e, por outro, o reflexo fiel nos preços? Esse é um dos mais sérios problemas que se apresentam à economia socialista.

A União Soviética, primeiro país que construiu o socialismo, e os países que a seguiram decidiram praticar uma planificação exercida por meio dos principais índices econômicos, traduzidos em seus resultados financeiros, abandonando as relações entre as empresas a um jogo mais ou menos livre. Dessa maneira, chegou-se ao chamado cálculo econômico, termo que é uma má tradução do original russo; em espanhol, para nos exprimirmos de maneira mais correta, podemos falar de autofinanciamento de empresas ou de autogestão financeira.

A autogestão financeira baseia-se, em traços largos, no estabelecimento de controles globais por meio de balanços financeiros; converte os bancos em órgãos do controle primário da atividade das empresas e desenvolve os estímulos materiais de modo a que possam, com os ajustamentos necessários, manter uma tendência independente para o emprego máximo das capacidades de produção. Essa utilização máxima se traduz em maiores benefícios para o operário individual ou para o conjunto da fábrica. Nesse sistema, os créditos concedidos às empresas socialistas são reembolsados com juros, o que permite acelerar a rotação dos produtos.

Em nossa prática econômica, começamos por centralizar todas as atividades financeiras das empresas, o que nos permitiu resolver os problemas essenciais do momento. Com o tempo, começamos a pensar que podíamos desenvolver novas técnicas de controle mais centralizadas, menos burocráticas e, em determinadas condições, mais eficazes para as empresas industriais. Esse sistema se baseia essencialmente na ideia de adotar os progressos da contabilidade geral das empresas capitalistas, que, num país pequeno e com boas comunicações, não só terrestres e aéreas, mas também telefônicas, nos permitiria um controle contínuo dia a dia.

No nosso sistema, a banca fornece às empresas a quantidade de dinheiro fixada pelo orçamento, sem juros, dado que não existe relação de crédito nessas operações. Nossa concepção, que ainda não foi realizada, salvo em determinados ramos econômicos, considera o produto um vasto processo de fluxo interno no decorrer da transformação que sofre no interior do setor socialista até se transformar em mercadoria, o que só acontece quando há alguma tendência para o burocratismo; de qualquer modo, de uma empresa a outra, ou de um Ministério a outro, deve ser considerada uma parte do processo de produção que adiciona valor ao produto, convertendo-se a banca em uma simples caixa registradora dos movimentos. A empresa não tem fundos próprios e, consequentemente, suas receitas são reintegradas no orçamento nacional.

O sistema mostrou que pode funcionar; no entanto, podemos apontar-lhe uma série de objeções, sobretudo no que respeita à ausência de estímulos materiais diretos e a uma certa tendência para o burocratismo; de qualquer modo, este não é o momento de discutir esses problemas.

Queremos, entretanto, insistir na importância da análise econômica para a gestão da empresa no sistema orçamental. Como deve montar-se e a partir de que premissas? Devemos considerar aqui o custo de produção como o elemento fundamental graças ao qual o administrador da unidade, da empresa ou do Ministério poderá observar imediatamente em linhas gerais o funcionamento da unidade produtiva. Insistimos nessa análise do custo de produção, pois uma parte de nossa concepção se refere à inexistência de uma coincidência necessária ou de uma relação íntima entre o custo de produção e o preço no setor socialista.

Em Cuba, país pouco desenvolvido e com importantes trocas comerciais externas, as relações com o restante do mundo são essenciais. Pensamos que não é necessário, de modo algum, extrair a estrutura geral dos preços internos da dos preços no mercado externo, dado que, como é óbvio, esses preços respeitam somente a esfera socialista, onde se cumpre a função fundamental da aritmética financeira, que é o fornecimento de uma medida.

A isso se opõem as inúmeras dificuldades provocadas pela distorção que existe em razão dos preços externos e do avanço técnico, distorções temporárias ou variações cotidianas dos preços no mercado internacional sob a influência da intervenção dos monopólios nos mercados. Consideramos ainda que não tenhamos analisado inteiramente esse problema, o que se poderia remediar estabelecendo um sistema geral que se baseasse numa certa evolução histórica dos preços no mercado capitalista, com as correções introduzidas pela ação dos preços do mercado socialista (e também, numa perspectiva mais imediata, sobre o mercado externo do mercado capitalista, um coeficiente de aumento para os fretes que será necessário pagar dos lugares de origem até ao nosso país). Os preços assim fixados se estabeleceriam para vigorarem durante determinado período.

Se tomarmos os preços dos produtos fundamentais da economia e se compararmos com os obtidos mediante cálculos aproximativos, obtemos um índice histórico ponderado dos preços do mercado mundial, o que permite medir automaticamente a eficácia relativa de todos os ramos da economia nesse mercado.

Objeta-se também que a estrutura dos preços dos produtos daria uma imagem deformada da produtividade nacional, já que eles medem somente a produtividade mundial média, e que isso desenvolveria tendências perigosas para o consumo, traduzidas nos preços atraentes dos produtos para cuja fabricação o trabalho necessário fosse muito superior à média mundial. Essa é uma objeção razoável, e de fato é preciso reunir numa planificação correta alguns índices que caracterizem os produtos segundo sua rentabilidade. Como o sistema se baseia num controle central da economia e em maior centralização das decisões, a rentabilidade relativa teria apenas um indicador, dado que o que realmente nos interessa é a rentabilidade geral do aparelho de produção. Esta se medirá, se possível e como um desejo permanente, em termos do valor mundial, ou senão, necessariamente em relação ao nível geral dos preços de consumo.

Tal não significa, de forma alguma, que possuiríamos assim um critério para os novos investimentos, e que, de acordo com os custos de produção de nossas empresas e os custos de produção eventuais de novos investimentos, escolheríamos automaticamente a política a seguir, em função das nossas possibilidades de acumulação. Isso não seria possível, porque a lei do valor se exprime de maneira relativamente pura no mercado mundial, mas, em nosso meio interno, sua ação é modificada consideravelmente pela incidência do setor socialista e do trabalho socialmente necessário, no plano local, para produzir determinados artigos. Sem contar que é possível querermos desenvolver muito mais certos tipos de produção que podem não ser os mais rentáveis, mas que podem nos interessar, dada sua importância estratégica ou simplesmente o interesse da população.

É necessário considerar, insistimos uma vez mais, que não há um preço de consumo que nesse sistema possa ser muito diferente do preço interno das empresas.

Com esse esquema, teríamos imediatamente uma visão que refletiria todo o funcionamento da economia num dado momento. Nesse tipo de organização – não se aplicaria necessariamente a todo o país, mas só a alguns ramos da indústria – poderíamos aplicar um sistema cada vez mais aperfeiçoado de análise econômica.

O custo de produção daria as indicações reais sobre a gestão da empresa. Pouco importa que esse custo seja mais alto ou mais baixo que o nível de preços do setor socialista, ou ainda, em certos casos particulares, que os preços de venda ao público, porque o que nos interessa é a observação contínua da gestão das empresas durante determinado período, avaliada por sua aptidão para fazer baixar os custos. Nesse caso, a análise automática da rentabilidade em relação aos preços mundiais se refletiria no preço. Para isso, é preciso trabalhar mais seriamente estes problemas; que apresentamos aqui, de forma esquemática e sem uma análise profunda.

É necessário elaborar todo um sistema de análise dos custos de produção que recompense ou sancione de igual modo os triunfos ou os fracassos na luta pela diminuição dos custos. É necessário elaborar normas para o consumo das matérias-primas, para as despesas indiretas, para os produtos em curso de transformação no processo produtivo e para os inventários de matérias-primas e produtos acabados. É necessário sistematizar o controle dos inventários e fazer um trabalho econômico preciso em relação a todos esses índices, renovando-os constantemente.

Em nosso sistema de contabilidade, dividimos os custos de produção distinguindo os custos em matérias-primas e materiais diretos, o custo em materiais indiretos, o da força de trabalho, da amortização e da segurança social, que representa a contribuição do Estado medida em relação aos fundos de salários. É necessário atuar sobre o conjunto e sobre cada um dos componentes assinalados, excetuando o imposto de segurança social que, na realidade, escapa ao quadro dessa análise (mais tarde, quando os métodos se aperfeiçoarem, não será preciso considerá-lo, pois o Estado simplesmente evoluirá em cada orçamento anual um capítulo que permita atender aos problemas de segurança social, independentemente do salário individual recebido pelos operários).

No que respeita às matérias-primas e materiais diretos, podem-se fazer economias imediatas, introduzir modificações nos processos tecnológicos e evitar perdas. No que se refere aos materiais diretos, podem ser economizados diminuindo o consumo de eletricidade, de combustível etc., quer mediante uma simples gestão mais bem organizada, quer, noutros casos, por inovações tecnológicas. No que se refere à força de trabalho, pode-se baixar seu custo relativo aumentando a produtividade geral. Quanto às amortizações, devemos desenvolver métodos mais científicos que permitam apreciar a questão claramente e, ao mesmo tempo, temos de prolongar a vida útil do capital fixo com uma manutenção eficaz, o que permitirá fazer da amortização um verdadeiro fundo de acumulação. Tudo isso nos remete para um denominador comum, qualquer que seja o ângulo pelo qual se faça a análise – o aumento da produtividade do trabalho, base fundamental da construção do socialismo e premissa indispensável do comunismo.

Existem atualmente diversos fatores sobre os quais se pode estabelecer um controle dos custos de produção. Em primeiro lugar, a administração deve atuar sobre a organização, sobre os controles adequados e sobre a capacidade do nosso pessoal dirigente, que deve habituar todo o pessoal a analisar imediatamente o custo de produção e a utilizar essa informação no trabalho cotidiano. Como é natural, surgem-nos atualmente inúmeras dificuldades para fazê-lo, por causa da débil tradição de análise econômica de nossos administradores, do baixo nível cultural, e também porque a economia não está bem organizada. Mas a realização de um trabalho consequente nesse sentido dará imediatamente os primeiros frutos. É por isso que demonstramos tanto interesse a essa tarefa.

Deve ficar claro que a análise dos custos de produção não conduz implicitamente à adoção de medidas necessárias para corrigir as deficiências apontadas. Existem fatos objetivos que o impedirão durante um determinado tempo: a deficiente organização dos abastecimentos dependentes do mercado externo; a insuficiência dos trabalhos de manutenção que realizamos até agora, o que nos obriga a recorrer a soluções transitórias; e a ausência de regras para as relações jurídicas entre as empresas, que provoca distorções sérias nos planos, quando acontece de uma delas não querer os produtos solicitados e alterar repentinamente os pedidos.

Quer isso dizer que os efeitos gerais de planificação e as carências de abastecimento externo conterão durante determinado tempo as mudanças rápidas do nível dos custos de produção nas unidades de produção e nas empresas dominadas por esses problemas. Mas isso não deve nos preocupar tanto quanto o fato de não se saber interpretar o fenômeno a partir do momento em que se produz.

Podemos assim desenvolver o controle individual dos custos feito pelo operário durante seu trabalho, quando se tiverem estabelecidas as normas de trabalho adequadas a partir da quantidade e da qualidade do trabalho fornecido. Considerando a qualidade, a economia de matérias-primas pode justamente ser uma arma que dê resultados substanciais em pouco tempo. Nesse domínio avançamos com firmeza, ainda que sem a rapidez necessária.

É necessário insistir também no cuidado coletivo em relação aos custos de produção. A unidade de produção se preocupará coletivamente com os custos mediante a análise de sua gestão econômica, análise que se efetuará por meio da investigação de custos, acompanhada dos estímulos, fundamentalmente de caráter social, para concentrar o interesse das massas na diminuição dos custos de produção e assim obter maiores ganhos.

Surge então um aprofundamento da consciência e ao mesmo tempo um grande salto qualitativo na organização. A ação do partido, tomando a seu cargo essa tarefa e mostrando às massas sua importância, pode conseguir em pouco tempo uma mudança de atitude do operário em relação à administração estatal, atitude que atualmente pouco difere da que tem em relação ao Estado capitalista. Mas não podemos esperar uma atuação suficientemente rápida nas questões administrativas e é necessário fazer numerosos ajustes durante determinado período.

Temos algumas fábricas-piloto, nas quais estudamos os métodos de estímulo coletivo de caráter social que permitam atuar sobre os custos de produção. Mas deve ficar claro de uma vez por todas que esta análise deve ser efetuada na base de uma produção planificada e realizada sem desculpas possíveis, e que o cumprimento do plano de produção, exceto por razões muito graves, será a premissa a partir da qual a gestão coletiva poderá analisar sua atividade para estabelecer a natureza dos estímulos.

Toda essa tarefa geral se combina com a ideia da possibilidade de uma direção centralizada da economia, mas devemos dizer claramente que essa direção centralizada não deve significar que todas as decisões sejam tomadas no mais alto nível, mas sim que serão estabelecidos níveis que a organização fará respeitar; nesses níveis se tomam as medidas necessárias sem recorrer a outras instâncias. Previamente, devemos precisar claramente as relações entre cada um desses níveis, o que deve ser feito e o que está proibido, sem o que o sistema não poderá funcionar corretamente.

Devemos orientar todo o nosso trabalho no sentido de conseguir que a tarefa administrativa de controle e direção se converta em algo cada vez mais simples e os esforços dos organismos se concentrem na planificação e no desenvolvimento tecnológico. Quando estiverem estabelecidos todos os índices e estiverem instaurados os métodos e os hábitos de controle, e com o avanço da planificação em todos os setores da economia, esse trabalho será mecânico e não apresentará sérios problemas. Nesse momento, os métodos modernos de planificação terão sua importância e será possível uma aproximação ao ideal de reger a economia por análises matemáticas e, com elas, escolher as proporções mais adequadas entre acumulação e consumo e entre diferentes ramos produtivos. Sem esquecer, claro está, que o ser humano – razão de ser da nossa Revolução e do nosso trabalho – não se pode reduzir a uma mera fórmula e que as suas necessidades serão cada vez mais complexas, ultrapassando a simples satisfação de necessidades materiais. Os diferentes ramos de produção se automatizarão, aumentando enormemente a produtividade do trabalhador, o tempo livre será dedicado no mais alto grau a atividades culturais, desportivas e científicas, e o trabalho será uma necessidade social.

A possibilidade de que esse futuro longínquo se aproxime de nós depende da competência técnica dos operários e dos especialistas para manterem nas melhores condições de funcionamento cada oficina, e do valor da planificação, de tal modo que as necessidades mais urgentes da população se combinem com as necessidades mais vitais da economia, para dar ao mesmo tempo a maior quantidade de bens e o crescimento necessário. No quadro dessa fórmula do desenvolvimento da economia, a tarefa de controle será simplificada e confiada aos organismos especializados que, para esse efeito, disporão de meios mecanizados. Se em nosso Ministério pudermos libertar de suas tarefas grande parte dos técnicos que trabalham atualmente na resolução dos problemas mais comuns (mas ao mesmo tempo mais essenciais) da produção, para os consagrarmos a uma investigação criadora, assistiremos imediatamente a saltos qualitativos no desenvolvimento econômico.

Devemos trabalhar para que a questão administrativa se converta num perfeito mecanismo de relojoaria e para que o impulso mais importante da produção se dê por meio do desenvolvimento técnico.

CAPÍTULO 7

O banco, o crédito e o socialismo[1]

No número anterior desta revista apareceu um artigo assinado pelo companheiro Marcelo Fernández, presidente do Banco Nacional, no qual ele analisa as funções do Banco, faz uma pequena apresentação histórica e um juízo crítico sobre os sistemas de financiamento usados em Cuba.

Esse artigo coincide com algumas aparições públicas de dirigentes desse organismo e com outros escritos em que se define a posição do Banco de forma precisa.

Como não estamos de acordo com algumas funções apontadas como próprias do Banco no período de transição, e menos ainda com sua opinião quanto ao Sistema Orçamental de Financiamento, consideramos que não devemos deixar sem resposta as afirmações do presidente desse organismo, e definimos nossa posição a esse respeito.

Sobre o papel dos bancos no aparecimento das notas bancárias, diz Marcelo Fernández: "O rápido desenvolvimento das relações comerciais e a escassez de metais preciosos para o fabrico de moeda fizeram surgir as notas de banco. A nota de banco é um valor sem interesse, emitido pelo banco autorizado a exercer essa atividade (Banco Central), que expressa um determinado montante de dinheiro, e é emitido ao portador. A primeira nota bancária foi emitida pelo Banco Sueco de Emissão, criado em 1658.".

Sem deixar de reconhecer o caráter de divulgação desse artigo, devemos tentar ver por que razão se pode produzir esse fenômeno. A esse respeito, diz Marx:

"Surge finalmente o problema de saber por que pode o ouro ser substituído por simples representações, coisas destituídas de qualquer valor. Mas, como

----
[1] Artigo publicado na revista *Cuba Socialista*, n. 31, em março de 1964.

vimos, o ouro só é substituível à medida que funciona exclusivamente como numerário ou instrumento de circulação. É verdade que o caráter exclusivo desta função não é realizado por moedas de ouro ou prata postas de lado, ainda que determinadas espécies usadas continuem a circular. As peças de ouro só são simples moedas ou meios de circulação enquanto circulam efetivamente. Mas, o que não se pode dizer de uma moeda de ouro isolada, aplica-se à massa de ouro substituível por papel-moeda. Essa gira constantemente na órbita da circulação, funciona continuamente como meio de circulação e, portanto, existe única e exclusivamente como agente desta função. Por conseguinte a sua dinâmica limita-se a representar as contínuas mutações formadas pelos processos antagônicos da metamorfose das mercadorias M-D-M; na qual em face da mercadoria se apresenta a sua configuração de valor, para em seguida desaparecer de novo. A encarnação substantiva do valor de troca da mercadoria é neste processo um simples momento que desaparece. Imediatamente é substituído por outra mercadoria. Por isso, num processo que o faz mudar continuadamente de mão, basta que o dinheiro exista simbolicamente. A sua existência funcional absorve, por assim dizer, a sua existência material. Não é mais do que um reflexo objetivo do preço das mercadorias, reflexo destinado a desaparecer e, naturalmente, substituível por outras representações, pois funciona como representação de si mesmo. O que acontece é que a representação do dinheiro exige uma validade social objetiva própria, validade que é dada ao símbolo papel-moeda pela circulação obrigatória. Esta, que se obtém por ação coerciva do Estado, só se exerce dentro das fronteiras de uma comunidade, dentro da sua órbita interna de circulação, que são também os limites dentro dos quais o dinheiro se reduz totalmente à sua função de meio de circulação ou moeda e nos quais, portanto, é conferida ao papel-moeda uma modalidade de existência puramente funcional e independente da sua substância metálica.".[2]

É importante notar, para fins ulteriores, que o dinheiro reflete as relações de produção; não pode existir sem uma sociedade mercantil. Pode-se também dizer que um banco não pode existir sem dinheiro e, finalmente, que a existência do banco está condicionada às relações mercantis de produção, por muito avançado que seja seu tipo.

O autor do artigo cita em seguida alguns parágrafos de Lenin para mostrar o caráter do imperialismo como produto do capital financeiro, isto é, da fusão do capital industrial com o capital bancário. Coloca-se de novo o problema do ovo e da galinha. Nessa relação predomina um dos capitais? Qual? Ou têm exatamente a mesma força?

Lenin apresenta as seguintes condições econômicas do imperialismo:

....
[2] K. Marx, O *capital*, Livro I, cap. III, seção 3.

1) Concentração da produção e do capital levada a um grau de desenvolvimento tão elevado que dá origem aos monopólios, cujo papel é decisivo na vida econômica;

2) Fusão do capital bancário e do capital industrial e criação de uma oligarquia financeira com base nesse *capital financeiro*;

3) A exportação de capitais, diferentemente da exportação de mercadorias, adquire uma importância muito particular;

4) Formação de uniões internacionais monopolistas que partilham o mundo entre si;

5) Fim da partilha territorial do globo entre as maiores potências capitalistas.

"O imperialismo é o capitalismo que chegou a um estágio de desenvolvimento onde se afirma a dominação dos monopólios e do capital financeiro, onde a exportação de capitais adquiriu uma importância de primeiro plano, onde começou a partilha do mundo entre os *trustes* internacionais e onde se concluiu a partilha de todo o território do globo entre as maiores potências capitalistas".[3]

Observemos que se consideram como última etapa a partilha do mundo e logo, como corolário explicado noutra parte, o uso da força, quer dizer, a guerra. Por que os monopólios partilharão o mundo? A resposta é concreta: para obter fontes de matérias-primas para suas indústrias. Quer dizer, as necessidades objetivas da produção fazem surgir, no sistema capitalista desenvolvido, as funções dos capitais que engendram o imperialismo ou, o que é o mesmo, o capital industrial é gerador do capital financeiro e o controla direta ou indiretamente. Pensar o contrário seria cair no fetichismo que Marx ataca em relação à análise burguesa do sistema capitalista. Lenin afirma:

"Os bancos criam à escala social a forma, e nada mais que a forma, da contabilidade geral e da distribuição geral dos meios de produção, frase de Marx, há meio século, em *O capital*.".

O economista norte-americano Victor Perlo dedicou grossos volumes à análise dos monopólios norte-americanos, encontrando sempre grandes ramos da produção no centro dos grupos. A análise do seu desenvolvimento relativo durante os últimos anos demonstra que crescem mais os monopólios que agrupam os ramos mais avançados da técnica, como o grupo DuPont, da química, Mellon, do alumínio, ou Rockefeller, do petróleo, cujo crescimento relativo está entre 325 e 385%. Em face deles, o grupo Kuhn Loeb, das ferrovias, com uma leve quebra, o grupo Boston, da indústria leve, com um crescimento de 31%, mostram a clara interdependência da produção, dos monopólios e da sua condição nessa concorrência entre lobos.

---

[3] Lenin, *O imperialismo, fase superior do capitalismo*.

Lenin, no artigo citado por Marcelo Fernández, escrito antes da tomada do poder, fala dos bancos como grandes fatores da "contabilidade e do controle". Dá a impressão de que procura a consolidação de todo o aparelho financeiro para que cumpra a função principal, já apontada por Marx, da contabilidade social.

De fato, o banco dos monopólios é o seu próprio Ministério das Finanças, na dualidade do Estado dentro de outro Estado que esta etapa constitui. Nos períodos de construção da sociedade socialista, modificam-se todos os conceitos que sustentam a vida política do banco e deve-se procurar outro modo de utilização de sua experiência. A centralização que Marcelo Fernández pretende pode-se obter dando todas as responsabilidades ao Ministério das Finanças, que seria o aparelho supremo de "contabilidade e controle" de todo o Estado.

O aspecto político do banco capitalista é destacado por Marx no seguinte parágrafo: "Desde o seu nascimento, os grandes bancos, adornados com títulos nacionais, nunca foram mais do que sociedades de especuladores privados que operavam com os governos e que, graças aos privilégios que estes lhes outorgavam, estavam em condições de lhes adiantar dinheiro. Por isso, a acumulação de dívida pública não tem barômetro mais infalível que a alta progressiva das ações destes bancos, cujo pleno desenvolvimento data da fundação do Banco de Inglaterra (em 1694). O Banco de Inglaterra começou a emprestar dinheiro ao governo a um juro de 8%; ao mesmo tempo, ficava autorizado pelo Parlamento a cunhar moeda sobre o mesmo capital, voltando a emprestá-lo ao público sob a forma de notas bancárias. Com essas notas podia descontar letras, abrir créditos sobre mercadorias e comprar metais preciosos. Não demorou muito tempo para que esse mesmo dinheiro por ele fabricado servisse de moeda para saldar os empréstimos feitos ao Estado e para pagar, por conta deste, os juros da dívida pública. Não contente em dar com uma mão para receber com a outra mais do que dava, continuava a ser, apesar de tudo o que embolsava, credor perpétuo da nação até ao último centavo entregue. Pouco a pouco, foi-se convertendo em depositário insubstituível dos tesouros metálicos do país e em centro de gravitação de todo o crédito comercial. Nos anos em que a Inglaterra deixava de queimar bruxas, começava a enforcar falsificadores de notas de banco. A impressão causada nas pessoas da época, pelo súbito aparecimento de uma chusma de burocratas, financeiros, corretores, cambistas, agentes, homens de negócio e de bolsa, é bem atestada pelas obras daqueles anos, como a de Bolingbroke.".[4]

Marcelo Fernández atribui sete funções econômicas ao banco socialista. Destas, as que estão expressas no primeiro ponto – Regulação da Circulação Monetária – e no segundo ponto – Centro de Ajustamentos e Pagamentos do País – não se apresentam em contradição fundamental com nossa maneira de pensar, salvo talvez

---

[4] K. Marx, *O capital*.

quanto ao grau de autonomia em relação à autoridade financeira máxima que é o Ministério das Finanças e quanto à dúvida sobre a real possibilidade de "controle" que o banco tem em relação à circulação monetária. No entanto, pensamos não ser o momento de aprofundar essa análise.

Quanto ao terceiro ponto – Concessão de Créditos – o artigo em questão diz:

"O crédito é uma função típica do banco, que não desaparece durante a construção do socialismo e que constitui um instrumento flexível que serve ao desenvolvimento proporcional e harmônico da economia e ao cumprimento dos planos.".

Sem entrar na exposição da origem do sistema de crédito bancário como reação à usura, transcrevemos, no entanto, alguns parágrafos de Marx a esse respeito:

"Não devemos esquecer, no entanto, em primeiro lugar, que a base da qual o regime de crédito, pela sua própria natureza, não se conseguirá nunca libertar, é o dinheiro – sob a forma de metal precioso.

"E, em segundo lugar, que o sistema de crédito pressupõe o monopólio dos meios sociais de produção (sob a forma de capital e de propriedade da terra) em mãos de particulares, isto é, que este sistema é, por um lado, uma forma emanente do sistema capitalista de produção e, por outro, uma força motriz que impulsiona o seu desenvolvimento até à sua forma última e mais elevada.

"O sistema bancário é, pela sua organização formal e centralização, como se afirmou já em 1697 em *Some thoughts of the interest of England*, o produto mais artificioso e refinado que o regime capitalista de produção foi capaz de criar. Daqui o enorme poder que uma instituição como o Banco de Inglaterra tem sobre o comércio e a indústria, apesar de o seu funcionamento real se desenvolver completamente à margem dele e do Banco se comportar passivamente em face das suas atividades. É certo que isso dá origem a uma forma de contabilidade e de distribuição geral dos meios de produção na escala social, mas somente uma forma.

"Vimos já que o lucro médio do capitalista individual, ou de cada capital por si, se determina não pelo excedente de trabalho que este capital toma em primeira mão, mas sim pela quantidade de excedente de trabalho total que o capital toma no seu conjunto, e que cada capital especial se limita a cobrar os seus dividendos como parte proporcional do capital global. Este caráter social do capital só é levado a cabo e realizado integralmente mediante o desenvolvimento pleno do sistema de crédito e do sistema bancário.

"Por outro lado, este sistema segue o seu próprio desenvolvimento. Põe à disposição dos capitalistas industriais e comerciais todo o capital disponível da sociedade e inclusivamente o capital potencial, que não se acha ainda ativamente comprometido, de tal modo que nem aquele que empresta o capital nem aquele que o emprega são seus proprietários ou produtores. Deste modo, destrói o caráter privado do capital e detém em potência, mas só em potência, a abolição do mesmo capital.

"O sistema bancário retira das mãos dos capitalistas privados e dos usurários a distribuição do capital como negócio específico, como uma função social. Mas, ao mesmo tempo, os bancos e o crédito convertem-se assim no meio mais poderoso para forçarem a produção capitalista a sair dos seus próprios limites e num dos veículos mais eficazes da crise e da especulação.

"O sistema bancário revela, além disso, mediante a substituição do dinheiro por diferentes formas de crédito circulante, que o dinheiro na realidade não é outra coisa senão uma expressão particular do caráter social do trabalho e dos seus produtos, a qual, no entanto, em contraste – com a base da produção privada – tem necessariamente de aparecer sempre em última instância como um objetivo; como uma mercadoria especial ao lado de outras mercadorias.

"Finalmente não há a menor dúvida de que o sistema de crédito atuará como um poderoso instrumento na época de transição do regime capitalista de produção para o regime de produção do trabalho associado, mas somente como um elemento relacionado com outras grandes transformações orgânicas do próprio regime de produção.

"Ao contrário, as ilusões que algumas pessoas têm sobre o poder milagroso do sistema de crédito e do sistema bancário, numa perspectiva socialista, nascem da ignorância total do que é o regime capitalista de produção e o sistema de crédito como uma de suas formas. Logo que os meios de produção deixem de converter-se em capital (o que implica também a abolição da propriedade privada da terra), o crédito como tal já não terá nenhum sentido, o que, aliás, foi compreendido inclusivamente pelos saint-simonianos. E, pelo contrário, enquanto perdurar o sistema capitalista de produção, o capital a juros perdurará com uma das suas formas e continuará de fato a formar a base do seu sistema de crédito. Só mesmo Proudhon, esse escritor sensacionalista que pretendia manter a produção mercantil e ao mesmo tempo abolir o dinheiro, era capaz de sonhar essa aberração do 'crédito gratuito', pretensa realização dos bons desejos do pequeno-burguês.".[5]

Observamos que o artigo não menciona nessa epígrafe os juros que o banco cobra pelo dinheiro facilitado às empresas estatais a título de empréstimo bancário. Se Marx formulou, como vimos, que a abolição da propriedade privada tira todo o sentido ao crédito enquanto tal, que dizer dos juros?

Marx diz: "É no capital a juro que a relação de capital atinge a sua forma mais visível e mais fetichista. Deparamos aqui com D-D', dinheiro que engendra mais dinheiro, valor que se valoriza a si próprio, sem qualquer processo intermediário. No capital D-M-D' existe, pelo menos, a forma geral do movimento capitalista, ainda que se mantenha apenas dentro da órbita da circulação, razão pela qual o

---
[5] K. Marx, *O capital*, Livro III, seção 5.

lucro aparece aqui como simples resultado da venda; todavia, aparece como produto de uma relação social e não como produto exclusivo de um objeto material. A forma do capital mercantil representa, apesar de tudo, um processo, a unidade de fases opostas, um movimento que se desdobra em dois atos antagônicos, na compra e na venda da mercadoria. Em D-D', ou seja, na fórmula do capital a juro, nada disso aparece.".[6]

No princípio do artigo, ao tratar ainda do banco privado, mencionam-se os juros da seguinte forma: "Nisto consiste o crédito bancário. O crédito bancário pode ser a curto e a longo prazo, e produz sempre juro, que constitui a principal receita dos bancos".

Se essa situação é válida no momento atual, e tendo em conta que tecnicamente os juros não são um elemento de custo das empresas, mas sim uma dedução do excedente de trabalho do operário para a sociedade, que devia constituir uma receita do Orçamento Nacional, não será este na realidade que financia substancialmente os gastos das operações do aparelho bancário?

Dizer que o déficit orçamental "constitui um mal inevitável", sem entrar na sua análise, assim como afirmar que "o uso dos créditos internacionais que no futuro pesarão na economia nacional", é manter na atualidade a concepção fetichista da economia clássica.

No que se refere ao quarto ponto – Financiamento dos Investimentos –, consideramos que se cai em aspectos formais e fictícios ou, o que é o mesmo, no fetichismo que encobre as verdadeiras relações de produção.

Essa função só seria real se o Banco financiasse os investimentos com recursos próprios, o que, por sua vez, seria um absurdo numa economia socialista. O que o Banco faz é distribuir os recursos que o Orçamento Nacional atribui a investimentos e colocá-los à disposição dos correspondentes aparelhos investidores.

Esse aspecto de financiamento e controle dos investimentos, particularmente no que se refere às construções, assim como ao sistema de crédito bancário e o juro, traduzem-se em diferenças substanciais no sistema, que neste artigo se chama autonomia econômica, e no sistema orçamental de financiamento.

O financiamento e o controle dos investimentos serão objeto de um artigo do companheiro Alvarez Rom, já que a importância e a extensão do tema assim o requerem. No entanto, vamos expor os fundamentos desse procedimento das Finanças em relação aos investimentos.

As Finanças chegaram à conclusão de que toda a confusão atualmente existente quanto ao controle dos investimentos se deve à concepção mercantil com que se aborda o problema. Pensa-se ainda no banco como representante dos monopólios, seu guardião, vigiando o tipo e a efetividade do investimento.

---

[6] K. Marx, O *capital*, Livro III, seção 5.

Num regime orçamental com os controles funcionando adequadamente, o banco não tem de participar na decisão de investimento, que é uma tarefa econômico-política da Junta Central de Planejamento (Juceplan). Não deve ser o banco a participar no controle físico do investimento – isso obrigaria a criar um aparelho enorme e sem sentido – mas sim o organismo investidor diretamente interessado, tanto mais que o controle financeiro pode ser feito pelas Finanças, que são o organismo responsável pelo orçamento estatal e o único que deve recolher o sobreproduto para lhe dar a utilização adequada. O banco deveria, como boa norma, ocupar-se da metodologia e da extração de fundos, que é sua função específica.

Em relação ao quinto ponto – Administração de Divisas e Operações Internacionais –, não há comentários a fazer.

No sexto ponto – Organização das Poupanças da População –, o autor submete-se demasiado à ideia de divulgação e propaganda. Não nos opomos a isso, defendemos até que se deve usar sempre uma linguagem clara para explicar os mecanismos econômicos; mas essa clareza não deve sacrificar a exatidão, que é o que acontece com a explicação do companheiro Marcelo Fernández ao dizer:

"O dinheiro poupado deixa de circular, o que contribui para restabelecer o equilíbrio entre o fundo de mercadorias e o fundo aquisitivo da população, particularmente útil nas condições atuais de Cuba. Além disso, as poupanças da população constituem uma importante fonte do Banco para conceder créditos destinados ao financiamento do desenvolvimento da economia nacional.".

O dinheiro economizado deixa de circular temporariamente e essa fonte de recursos só tem aplicação com sentido econômico quando se emprega para financiar a atividade privada mediante empréstimos bancários, pois seria absurdo pensar que numa economia socialista o custo dos juros que se paga a quem poupa seja compensado com os juros que se cobram às empresas estatais.

Teria resultado muito mais interessante e de maior utilidade conhecer a composição da poupança e seu custo, as razões da poupança em cada uma das escalas de pessoas que poupam e que medidas de caráter verdadeiramente econômico devem ser tomadas, tais como impostos, preços e outras, que certamente contribuem para "restabelecer o equilíbrio entre o fundo de mercadorias e o fundo aquisitivo da população".

Sobre a função de "conceder créditos destinados ao financiamento do desenvolvimento da economia nacional", já definimos nossa posição em contrário.

A sétima e última função – Controle Econômico Bancário – aborda a controvérsia aberta por Marcelo Fernández no subtítulo "Aplicação dos dois sistemas de financiamento em Cuba".

Ao tratar o tema, o autor se afunda uma vez mais na análise do significado exato do termo russo que deu origem a muita discussão, e arranja para ele um novo sentido, que já tínhamos visto em trabalho de alguns assessores do Banco. Quanto a nós, o novo vocábulo não é feliz. A afirmação de que *Khozraschot* seria um regime de empresa conhecido em Cuba como sistema de autonomia econômica, e que entre os princípios da autonomia estão "a independência relativa e a gestão planificada, isto é, subordinada às principais proporções do Plano Econômico Estatal", leva-nos a pensar que, na melhor das hipóteses, o autor não traduziu bem.

O termo "autonomia econômica de forma absoluta", ligado ao de independência econômica relativa, como um dos seus princípios, é uma construção gramatical cujo conteúdo não conseguimos compreender e que nem permite uma definição minimamente clara.

A gestão planificada não é equivalente à subordinação das principais proporções do Plano Econômico Estatal, tampouco precisa algum conceito.

Na caracterização de ambos os sistemas não se usou um método que permita sua fácil comparação, erro que se compreende porque não existe uma literatura abundante sobre o tema (no número 5 da *Nuestra Industria – Revista Econômica*, tento tornar a análise mais sistemática, e para aí remeto o leitor); no entanto, consideramos que se poderia fazer uma análise mais objetiva do sistema orçamental de financiamento, sistema cuja lei está sancionada pelo Conselho de Ministros, isto é, que não é um capricho vão de algumas pessoas, mas sim uma realidade conhecida.

Em relação ao ponto: "a) As empresas recebem as suas dotações de fundos para despesas por um período determinado; digamos um trimestre, antes da produção dos seus rendimentos e independentemente da sua proveniência.". O que as empresas recebem não são dotações de fundos no Banco, e sim disponibilidades equivalentes à autorização para gastar de acordo com o plano financeiro aprovado, que se registram no Banco em contas separadas para salários e para outras despesas. Essa separação permite um controle fácil do fundo de salários, o que não é possível no sistema de autogestão financeira tal como é concebido atualmente em Cuba. Em recente intervenção pela televisão, o presidente do Banco apresentou uma fórmula de controle da conta de salários que supõe a discussão em termos de unidade em cada caso, o que porá sérios entraves administrativos se se pretender implantar sem analisar muito profundamente as consequências prováveis (não devemos esquecer que os salários fazem parte dos fundos de rotação da unidade).

Existe aqui a crença generalizada de que a relação direta com o Banco garante a análise de todos os fatores de produção e a impossibilidade de iludir a atenção vigilante desse organismo, o que reflete as condições atuais de Cuba, e o Banco tem provas que fazem fé dessa afirmação em suas relações com os organismos de autogestão.

No ano de 1931, Stalin fazia a seguinte análise:

"Mas isto não é tudo. A tudo isso é preciso acrescentar a circunstância de que, como consequência da má gestão administrativa, os princípios de rentabilidade encontram-se inteiramente comprometidos em toda uma série das nossas empresas e organizações econômicas. É um fato que numa série de empresas e organizações econômicas se deixou há uns tempos de contar, de calcular e de estabelecer balanços justificativos das receitas e despesas. É um fato que numa série de empresas e organizações econômicas, as noções de 'regime de economia', 'redução de gastos improdutivos', 'racionalização da produção', há algum tempo passaram de moda. Pelo visto contam com que o Banco de Estado 'de qualquer modo entregará as quantias necessárias'. É um fato que nos últimos tempos os preços de custo começaram a subir numa série de empresas. Chamamos a sua atenção para a necessidade de baixar os preços de custo em 10% e mais, e em lugar disso, eles foram elevados.".[7]

Fazemos essa citação simplesmente para demonstrar que se impõe uma tarefas tenaz de organização administrativa antes de podermos implantar qualquer sistema e que, no momento atual, esse deve ser o sentido de nosso esforço principal.

Nos pontos: "b) Os estímulos morais apresentam-se como forma principal de impulsionar e melhorar a produção, complementados pelos estímulos materiais", e "c) Nas empresas realiza-se um controle pelos custos", faz-se uma simplificação perigosa.

No meu último artigo, já citado, apresento duas características fundamentais:

"Com esta série de citações pretendemos fixar os temas considerados básicos para a explicação do sistema:

"1º – O comunismo é uma meta da humanidade que se alcança conscientemente – logo, a educação, a liquidação dos defeitos da antiga sociedade na consciência das pessoas, é um fator de suma importância, sem esquecer, claro está, que sem avanços paralelos na produção não se pode chegar nunca a tal sociedade.

"2º – As formas de condução da economia, numa ótica tecnológica, devem ser buscadas onde estejam mais desenvolvidas e possam ser adaptadas à nova sociedade. A tecnologia da petroquímica do campo imperialista pode ser utilizada pelo campo socialista sem perigo de 'contágio' da ideologia burguesa. No ramo econômico, sucede o mesmo em tudo o que se refere a regras técnicas de controle da produção e direção. Poderíamos, se não é considerado demasiado pretensioso, parafrasear Marx na sua referência à utilização da dialética de Hegel, e falar de inversão em relação a estas técnicas.".

Não concebemos o comunismo como a soma mecânica de bens de consumo numa dada sociedade, e sim como o resultado de um ato consciente; daí a impor-

---

[7] Stalin, *Questões do leninismo. Nova situação, novas tarefas da edificação econômica.*

tância da educação e, em última análise, do trabalho sobre a consciência dos indivíduos no quadro de uma sociedade em pleno desenvolvimento material.

A questão relativa ao controle pelos custos é tratada em meu artigo com o título "Considerações sobre os custos de produção como base da análise econômica das empresas em regime orçamental". Remeto para aí o leitor interessado, sem, no entanto, deixar de apontar que o essencial é a discussão sobre a possibilidade de usar conscientemente a lei do valor e que o método se baseia no desenvolvimento de um amplo e efetivo aparelho de controle que mecanize essas tarefas.

Dizemos nesse artigo: "Todo o nosso trabalho deve se orientar no sentido de conseguir que a tarefa administrativa, de controle e direção, vá se convertendo em algo cada vez mais simples e que os esforços dos organismos se concentrem na planificação e no desenvolvimento tecnológico. Quando estiverem estabelecidos todos os índices e os métodos e hábitos de controle estiverem instaurados, com o avanço da planificação em todos os setores da economia, esse trabalho será mecânico e não apresentará sérios problemas. Nesse momento, os métodos modernos de planificação adquirirão a sua importância e será possível uma aproximação que conduza ao ideal de reger a economia por análises matemáticas e por meio delas escolher as proporções mais adequadas entre acumulação e consumo e entre os diferentes ramos produtivos; sem esquecer, claro está, que o ser humano, razão de ser da nossa revolução e do nosso trabalho, não se pode reduzir a uma mera fórmula, e que as suas necessidades serão cada vez mais complexas, ultrapassando a simples satisfação das necessidades materiais. Os diferentes ramos de produção irão se automatizando, aumentando enormemente a produtividade do trabalhador, o tempo livre será dedicado no mais alto grau a atividades culturais, desportivas e científicas, e o trabalho será uma necessidade social.".

Em relação ao ponto "d) as empresas, porque estão vinculadas ao Orçamento Estatal pelo total das suas despesas e receitas, nunca fazem uso do crédito bancário de forma direta". Consideramos que, quando se usa o sistema orçamental de financiamento, o sistema de crédito bancário e a compra e venda de mercadorias se tornam desnecessárias no interior da esfera estatal.

Para compreender a diferença entre os dois sistemas, cujo desconhecimento leva aos comentários do artigo, é necessário ter em conta que todas essas categorias surgem como consequência da consideração individualizada de patrimônios independentes, mas que só se conservam formalmente, a título de instrumento de controle da economia nacional, já que a propriedade de fato é de todo o povo.

Essa ficção, que chega a dominar a mente dos homens, como é demonstrado pelo artigo que contestamos, elimina-se com a aplicação do sistema orçamental de financiamento.

"Neste sistema, o princípio do rendimento comercial dentro da esfera estatal é estritamente formal e dominado pelo plano, somente para efeitos de cálculo econômico, contabilidade, controle financeiro etc.; mas nunca chegará a predominar de forma fetichista sobre o conteúdo social da produção, pois, como a empresa não tem patrimônio próprio em contraposição ao Estado, não retém nem acumula em fundos próprios o resultado da sua produção nem a reposição dos seus custos. No sistema orçamental, a compra e a venda de mercadorias só tem lugar quando o Estado de fato vende a outras formas de propriedade; e, na realização deste ato de troca mercantil, a empresa transfere para o orçamento nacional, através de cobrança e depósito do preço da mercadoria vendida, a totalidade dos custos e acumulações internas que tiveram lugar desde o primeiro até ao último ato de produção e comercialização. Deste modo, se algum dos atos formais intermédios de 'pagamento e cobrança', que não são mais do que compensações contabilísticas sem efeito econômico, não se completasse por falta de organização, negligência etc., o fundo de acumulação nacional não seria prejudicado desde que se realizasse este último ato de troca, que é o único de conteúdo essencialmente econômico. Esse sistema enfraquece o conceito de patrimônio de grupos individualizados em fábricas do Estado, o que é objetivamente favorável ao desenvolvimento filosófico do marxismo-leninismo. Torna desnecessário o imposto e o empréstimo a juros, pois a empresa não retém nem acumula em fundos próprios, eliminando imediatamente, no fundo e na forma, categorias que se tornariam incompatíveis no desenvolvimento do processo" (de um trabalho inédito de Luís Alvarez Rom).

O financiamento a uma empresa realiza-se, por um lado, para compensar outra empresa pelo trabalho materializado, para efeitos de contabilidade e controle social; por outro, para retribuir o trabalho vivo empregado em cada processo da produção social. Se o primeiro desses atos é formal e destituído de conteúdo econômico, e se o segundo é a entrega do salário do trabalhador, realizada depois de ter sido empregue a sua força de trabalho na produção de valor de uso, qual é a conclusão que se pode tirar? A de que quem efetivamente dá crédito é o trabalhador.

Marx diz:

"O capitalista compra a força de trabalho antes de iniciado o processo de produção, mas só a paga nos prazos combinados depois de a empregar na produção de valor de uso. Todo o valor do produto lhe pertence, incluindo a parte que só representa um equivalente do dinheiro investido no pagamento da força de trabalho, isto é, a parte do valor do produto que representa o valor do capital variável. Com esta parte do valor, o operário lhe entrega adiantadamente o equivalente do seu salário. Mas é a retransformação da mercadoria em dinheiro, a sua venda, que restitui o capital variável ao capitalista, como capital dinheiro que pode desembolsar de novo para voltar a comprar a força de trabalho.".[8]

Afirmar que o Banco financia o Orçamento pela emissão e do uso dos créditos interestatais; e que "dado que na economia cubana não se criaram recursos monetários para a concessão desse tipo de crédito bancário às Finanças se produzem pressões inflacionárias e aumenta a necessidade de créditos estrangeiros" é ultrapassar os limites normais da ficção, contrapondo o crédito bancário e a Fazenda Pública, como uma mentalidade que merece as palavras de Marx citadas noutra parte do presente artigo: "Não contente com dar com uma mão para receber com a outra mais do que dava, continuar a ser, apesar do que embolsava, credor perpétuo da nação até ao último cêntimo entregue.".

Sem contar que o Banco, fora do Estado, não tem Nada, apesar da ficção jurídica da lei que lhe atribui um patrimônio.

Quanto à disciplina financeira, diz-se das empresas em regime orçamental que "algumas destas empresas não parecem estimuladas para cobrar as suas mercadorias e serviços porquanto têm as despesas e isso para elas apenas representaria deixar de contribuir para o Orçamento". Essa é uma expressão que carece de fundamento de tal maneira que só seria comparável com outra que dissesse que o mesmo efeito se produziria numa empresa autofinanciada, já que para ela isso apenas representaria deixar de pagar um empréstimo bancário, uma contribuição para o orçamento ou impostos retidos, o que, diga-se de passagem, não é nenhuma exceção.

Depois de uma detalhada exposição, de acordo com os livros do Banco, das falhas ao cumprimento da Lei 1007 pelas empresas sujeitas a regime orçamental, o artigo faz a seguinte afirmação:

"Pode-se argumentar que as empresas com autonomia econômica também cometem estas infrações; devemos inclusive assinalar que, desde que se implantou a Lei 1007, as empresas do INRA têm mantido um penoso primeiro lugar quanto ao número e ao valor das infrações. Mas a isso haveria que responder que as empresas do INRA nunca operaram realmente como empresas com autonomia econômica". (INRA é o Instituto Nacional de Reforma Agrária.)

Perante tal afirmação, que não corresponde à seriedade de um artigo dessa natureza, caberia fazer as seguintes perguntas:

Por que o INRA nunca operou realmente dentro desse sistema?

Será que os demais organismos tentaram impedi-lo?

Será que não lhe foi dada toda a cooperação por parte das Finanças e do Banco?

Será que o ensino e a divulgação desse sistema em todos os cursos e a todos os níveis não foi suficiente?

---

[8] K. Marx, *O capital*, Livro II, seção 3.

Será que foram os bons desejos do Banco, constituídos em lei, que provocaram esse resultado?

Ou será que a primeira medida é a organização do aparelho administrativo e que sem ela não se pode aspirar a nenhum resultado concreto?

Há bastante tempo que os defensores da autogestão se defendem com argumentos como esse. Já está na hora de porem em marcha o sistema e de o analisarem corretamente; a polêmica sobre esses temas é sempre útil, mas se continuamos embrenhados nela sem avançar praticamente corremos o risco de resolver a incógnita demasiado tarde.

Resumindo

a) O artigo analisado apresenta numa forma de divulgação, mas com escassa profundidade teórica, a gênese dos bancos; daí surgem os equívocos de seus dirigentes sobre o papel que esse organismo deve desempenhar na construção da nova sociedade.

b) As frases de Lenin citadas por Marcelo Fernández apenas apresentam um aspecto objetivo do problema – o papel dos bancos durante a etapa monopolista –, mas de modo algum estabelecem claramente seu papel na etapa seguinte.

c) O autor esquece que os bancos monopolistas são os aparelhos financeiros dos superestados e, portanto, não analisa o novo papel desses aparelhos quando o Estado, com o seu aparelho financeiro próprio, os engloba todos; pretende que o Banco continue a manter uma posição hegemônica na economia, independentemente das modificações socioeconômicas.

d) O autor esquece a advertência de Marx sobre o caráter do sistema de crédito, o que o leva a formulações mecânicas quanto a sua função.

e) Marcelo Fernández, ao insistir no controle dos investimentos, perde de vista a missão cumprida pelo Banco monopolista ao fazer o mesmo, ignorando as modificações já ocorridas e as que ocorrem durante o período de transição.

f) Marcelo Fernández não aprofundou suficientemente o estudo das bases do sistema orçamental de financiamento, pelo que seus raciocínios pecam por falta de consistência nesse aspecto da análise.

g) Parece assim que o Banco, dono de um capital próprio por obra e graça da divina providência, tem sãs intenções de ajudar o Estado para resolver seus problemas mediante uma correta aplicação das leis financeiras, sob sua sábia direção. Desgraçadamente, há pessoas teimosas que se negam a reconhecer essa tutela, provocando a desorganização financeira e a inflação, por não lhe pedirem um crédito "em condições vantajosas".

h) Todo o artigo demonstra que os companheiros do Banco usam os conceitos econômicos aqui tratados, na forma fetichista da economia clássica e mesmo da economia vulgar. São aplicadas a eles – com todo o respeito e unicamente com o desejo de que esta polêmica nos obrigue a recorrer de modo consequente ao conselho dos clássicos do marxismo – estas palavras de Marx referentes aos adoradores da forma:

"Na fórmula tripartida de capital-lucro (ou, melhor ainda, capital-juro), terra-renda fundiária e trabalho-salário, nesta tricotomia econômica considerada a ligação das diversas integrantes do valor e da riqueza em geral com suas respectivas fontes, se confirmam a mistificação do regime de produção capitalista, a materialização das relações sociais, o entrelaçamento direto das relações materiais de produção com suas condições históricas, o mundo encantado, virado às avessas, em que o Senhor Capital e a Dona Terra aparecem como personagens sociais, enquanto executam diretamente as suas magias como simples coisas materiais. O grande mérito da economia clássica consiste precisamente em ter dissipado essa falsa aparência, esse engano, essa individualização e cristalização dos diferentes elementos sociais da riqueza, essa personificação das coisas e essa materialização das relações de produção; ela destruiu essa religião da vida diária, reduzindo o juro a uma parte do lucro e a renda da terra ao remanescente sobre o lucro médio, se bem que os dois se confundam na mais-valia; expondo o processo de circulação como simples metamorfose das formas e, finalmente, reduzindo no processo direto de produção o valor e a mais-valia das mercadorias ao trabalho.

"Isso não impede que os melhores porta-vozes da economia clássica, como necessariamente tinha de ser do ponto de vista burguês, continuem, em maior ou menor grau, prisioneiros do mundo de aparência que criticamente destruíram e incorram todos eles, em maior ou menor grau, em inconsequências, soluções intermédias e contradições não resolvidas. E, pelo contrário, é também natural que os agentes reais da produção se sintam perfeitamente à vontade, como em casa, dentro dessas formas alienadas e irracionais do capital-juro, terra-renda fundiária e trabalho-salário, pois são precisamente as formas da aparência em que eles se movem e com as quais convivem diariamente.

"Por isso, é também perfeitamente lógico que a economia vulgar, que não é senão uma tradução didática, mais ou menos doutrinal, das ideias cotidianas que abrigam os agentes reais da produção, e que põem nelas uma certa ordem inteligível, veja nesta trindade em que a ligação interna aparece desconjuntada o fundamento natural e indiscutível de sua pomposa superficialidade.

"Esta fórmula corresponde, além do mais, aos interesses das classes dominantes, pois proclama e eleva a dogma a necessidade natural e a eterna legitimidade das suas fontes de rendimento.".[9]

---

[9] K. Marx, *O capital*, Livro III, seção 5.

CAPÍTULO 8

Significado da planificação socialista[1]

A REVISTA *Cuba Socialista* publicou em seu número 32 um artigo do companheiro Charles Bettelheim intitulado "Formas e métodos da planificação socialista e nível de desenvolvimento das forças produtivas". Esse artigo aborda temas de inegável interesse mas, além disso, tem, para nós a importância de se destinar a defender o chamado Cálculo Econômico e as categorias que esse sistema pressupõe no setor socialista, tais como o dinheiro como meio de pagamento, o crédito, as mercadorias etc.

Consideramos que nesse artigo se cometeram erros fundamentais, que trataremos de definir.

O primeiro refere-se à interpretação da necessária correlação que deve haver entre as forças produtivas e as relações de produção. Nesse ponto, o companheiro Bettelheim segue o exemplo dos clássicos do marxismo.

Forças produtivas e relações de produção são dois mecanismos que marcham indissoluvelmente unidos em todos os processos médios do desenvolvimento da sociedade. Em que momentos puderam as relações de produção não ser fiéis ao reflexo do desenvolvimento das forças produtivas? Nos momentos de ascensão de uma sociedade que avança sobre a anterior para romper com ela e nos momentos de ruptura da velha sociedade, quando a nova, cujas relações de produção serão implantadas, luta por se consolidar e por destroçar a antiga superestrutura. Desse modo, nem sempre as forças produtivas e as relações de produção poderão, num dado momento histórico analisado concretamente, estar em correspondência de uma forma totalmente coerente. Essa é precisamente a tese que permitia a Lenin

[1] Artigo publicado na revista *Cuba Socialista*, n. 34, em junho de 1964.

dizer que a Revolução de Outubro era uma revolução socialista e, no entanto, num dado momento, defender que se devia ir para o capitalismo de Estado e preconizar cautela nas relações com os camponeses. A razão dessa posição de Lenin se encontra precisamente em sua grande descoberta do desenvolvimento do sistema mundial do capitalismo.

Bettelheim diz: "[...] A alavanca decisiva para modificar o comportamento dos homens é constituída pelas alterações introduzidas na produção e na sua organização. A educação tem essencialmente por missão fazer desaparecer atitudes e comportamentos herdados do passado e que sobrevivem, e assegurar a aprendizagem de novas normas de conduta impostas pelo próprio desenvolvimento das forças produtivas.".

Lenin afirma: "A Rússia não alcançou um nível de desenvolvimento das forças produtivas capaz de tornar possível o socialismo. Todos os heróis da II Internacional e, entre eles, naturalmente, Sukhanov, andam para trás e para frente com esta tese, tal como um menino com sapatos novos. Repetem essa indiscutível tese de mil maneiras e parece-lhes que é decisiva para avaliar a nossa revolução. Mas, que fazer, se uma situação peculiar conduziu a Rússia primeiro à guerra imperialista mundial, na qual intervieram todos os países mais ou menos importantes de Europa Ocidental, e colocou o seu desenvolvimento à beira das revoluções nascentes e das que em parte já começaram no Oriente, em condições que têm permitido pôr em prática precisamente essa aliança da 'guerra camponesa' com o movimento operário, a qual foi considerada uma das prováveis perspectivas por um 'marxista' como Marx, referindo-se à Prússia em 1858?

"E, o que devíamos fazer, quando uma situação absolutamente sem saída, decuplicando as forças dos operários e camponeses, nos abria a possibilidade de passar de um modo diferente de todos os demais países do Ocidente europeu à criação das premissas fundamentais da civilização? A linha geral do desenvolvimento da história universal foi por isso modificada? Modificou-se por isso a correlação essencial das classes fundamentais em cada país que entra, ou já entrou no curso geral da história universal?

"Se, para implantar o socialismo, se exige um determinado nível cultural (ainda que ninguém possa dizer qual é esse determinado nível cultural, porque ele é diferente em cada um dos países da Europa Ocidental), por que razão então não podemos começar primeiro pela conquista por via revolucionária das premissas para este determinado nível e depois, já com base no poder operário e camponês e no regime soviético, caminhar para alcançar os demais países?".[2]

Com a expansão do capitalismo como sistema mundial e o desenvolvimento das relações de exploração não somente entre os indivíduos de um povo mas

[2] Lenin, *Problemas da edificação do socialismo e do comunismo na URSS*.

também entre os povos, o sistema mundial do capitalismo passou a ser o imperialismo, entrando em conflitos e podendo romper-se pelo seu elo mais fraco. Essa era a Rússia tsarista desde a Primeira Guerra Mundial até o princípio da Revolução, na qual coexistiam os cinco tipos econômicos apontados por Lenin naquela altura: a forma patriarcal mais primitiva de agricultura, a pequena produção mercantil (incluindo a maioria dos camponeses que vendiam seu trigo), o capitalismo privado, o capitalismo de Estado e o socialismo. Lenin fazia notar que todos esses tipos apareciam na Rússia imediatamente depois da Revolução; mas o que qualificava o país em geral era a característica socialista do sistema, apesar de o desenvolvimento das forças produtivas não ter em determinados pontos alcançado sua plenitude. Naturalmente, quando o atraso é muito grande, a correta ação marxista deve ser temperar o mais possível o espírito da nova época, que tende para a supressão da exploração do homem pelo homem, com as situações concretas do país; e assim o fez Lenin na Rússia recém-libertada do tsarismo, foi essa a norma da União Soviética.

Estamos convencidos de que toda essa argumentação, absolutamente válida e de extraordinária perspicácia naquele momento, é aplicável às situações concretas em determinados momentos históricos. Desde esse tempo, sucederam coisas de grande transcendência, como o estabelecimento de todo o sistema mundial do socialismo, com cerca de 1 bilhão de habitantes, um terço da população do mundo. O avanço contínuo de todo o sistema socialista influencia a consciência das pessoas em todos os níveis e, por consequência, em Cuba no momento de sua história produz-se a definição da sua revolução socialista; essa definição não precedeu, nem mais nem menos, o fato real de que já existiam as bases econômicas estabelecidas para essa afirmação.

Como se pode produzir a transição para o socialismo num país colonizado pelo imperialismo, sem nenhum desenvolvimento das indústrias básicas e numa situação de monoprodutor dependente de um só mercado?

Várias respostas podem ser dadas. Declarar, como os teóricos da II Internacional, que Cuba furou todas as leis da dialética, do materialismo histórico e do marxismo, e que portanto não é um país socialista, ou que deve regressar à situação anterior?

Pode-se ser mais realista, e a esse título procurar nas relações de produção de Cuba os motores internos que provocaram a revolução atual. Mas, naturalmente, isso levaria à demonstração de que há muitos países na América e noutros lugares do mundo onde a revolução é muito mais viável do que era em Cuba.

Resta a terceira explicação, quanto a nós exata, de que no quadro geral do sistema mundial do capitalismo em luta contra o socialismo, se pode romper um de seus elos fracos, nesse caso concreto, Cuba.

Aproveitando as condições históricas excepcionais e sob a correta direção de sua vanguarda, as forças revolucionárias tomam o poder num dado momento e, baseadas em que já existem as suficientes condições objetivas quanto à socialização do trabalho, queimam etapas, decretam o caráter socialista da revolução e empreendem a construção do socialismo.

Essa é a forma dinâmica, dialética, de vermos e analisarmos o problema da necessária correspondência entre as relações de produção e o desenvolvimento das forças produtivas.

Depois de produzido o fato da Revolução Cubana, que não pode escapar à análise nem se iludir ao fazer investigação sobre nossa história, chegamos à conclusão de que em Cuba se fez uma revolução socialista e, portanto, que havia condições para isso. Isso porque realizar uma revolução sem condições, chegar ao poder e decretar o socialismo por artes de magia é algo que não está previsto por nenhuma teoria e não creio que tenha o apoio do companheiro Bettelheim.

Se é produzido o fato concreto do nascimento do socialismo nessas novas condições, é porque o desenvolvimento das forças produtivas se chocou com as relações de produção antes do que racionalmente se esperaria para um país capitalista isolado. O que sucede? Que a vanguarda dos movimentos revolucionários, influenciados pela ideologia marxista-leninista cada vez com maior intensidade, é capaz de prever na sua consciência toda uma série de passos para dar e de forçar a marcha dos acontecimentos, mas forçá-la dentro do que é objetivamente possível. Insistimos muito nesse ponto, porque é uma das falhas fundamentais do argumento empregado por Bettelheim.

Se partimos do fato concreto de que só se pode realizar uma revolução quando há contradições fundamentais entre o desenvolvimento das forças produtivas e as relações de produção, temos de admitir que isso aconteceu em Cuba e temos de admitir também que esse fato confere características próprias à Revolução Cubana, apesar de numa análise objetiva se encontrarem em seu interior toda uma série de forças que ainda estão num estado embrionário ou que não se desenvolveram ao máximo. Mas se nessas condições se produz e triunfa a Revolução, como utilizar depois o argumento da necessária e obrigatória correspondência, de um modo mecânico e estrito, entre as forças produtivas e as relações de produção, para defender, por exemplo, o Cálculo Econômico e atacar o sistema de empresas consolidadas que praticamos?

Dizer que a empresa consolidada é uma aberração equivale quase a dizer que a Revolução Cubana é uma aberração; são concepções do mesmo tipo e poderiam se basear na mesma análise. O companheiro Bettelheim nunca negou a autenticidade da Revolução Socialista Cubana, mas diz que nossas atuais relações de produção não correspondem ao desenvolvimento das forças produtivas e prevê, portanto, grandes fracassos.

O erro do companheiro Bettelheim é provocado pela aplicação rígida do pensamento dialético a essas duas categorias, de amplitude diferente mas com a mesma tendência. As empresas consolidadas nasceram, se desenvolveram e continuam a desenvolver-se porque o podem fazer; é uma verdade de La Palisse da prática. Se o método administrativo é ou não o mais adequado é questão que tem pouca importância em definitivo, porque as diferenças entre um método e outro são fundamentalmente quantitativas. Nosso sistema aponta para o futuro, para um desenvolvimento mais acelerado da consciência e, pela consciência, das forças produtivas.

O companheiro Bettelheim nega essa ação particular da consciência, baseando-se nos argumentos de Marx de que esta é um produto do meio social e não o contrário. Nós utilizamos a análise marxista para conquistar Bettelheim, dizendo-lhe que isso está absolutamente certo mas que, na época atual do imperialismo, também a consciência adquire características mundiais. E que essa consciência de hoje é o produto do desenvolvimento de todas as forças produtivas mundiais e do ensino e da educação exercidos sobre as massas de todo o mundo pela União Soviética e pelos outros países socialistas.

Nessa medida, devemos considerar que a consciência dos homens de vanguarda num dado país, baseada no desenvolvimento geral das forças produtivas, pode encontrar os caminhos adequados para fazer triunfar uma revolução socialista nesse país, ainda que não existam objetivamente no seu nível as contradições entre o desenvolvimento das forças produtivas e as relações de produção, que tornariam imprescindível ou possível uma revolução (numa análise do país como um todo único e isolado).

Deixaremos por aqui essa primeira objeção. O segundo erro grave cometido por Bettelheim é a insistência em conferir à estrutura jurídica uma possibilidade de existência autônoma. Em sua análise, refere-se insistentemente à necessidade de ter em conta as relações de produção no estabelecimento jurídico da propriedade.

Pensar que a propriedade jurídica, ou melhor, a superestrutura de um determinado Estado, num dado momento, foi imposta contra as realidades das relações de produção é precisamente negar o determinismo em que se baseava, para afirmar que a consciência é um produto social. Naturalmente, em todos esses processos, que são históricos, que não se realizam em milésimos de segundo como processos físico-químicos, e sim no longo curso da humanidade, há toda uma série de aspectos das relações jurídicas que não correspondem às relações de produção que nesse momento caracterizam o país; o que só quer dizer que serão destruídas com o tempo, quando as novas relações se impuserem sobre as velhas, mas não que inversamente seja possível mudar a superestrutura sem previamente mudar as relações de produção.

O companheiro Bettelheim insiste repetidamente em que a natureza das relações de produção é determinada pelo grau de desenvolvimento das forças produtivas e que a propriedade dos meios de produção é a expressão jurídica e abstrata de algumas relações de produção, escapando-lhe o fato fundamental de que isso, mesmo perfeitamente adaptado a uma situação geral (quer seja o sistema mundial ou o país), não permite estabelecer a mecânica microscópica que ele pretende entre o nível de desenvolvimento das forças produtivas em cada região ou situação e as relações jurídicas de propriedade.

Ataca os economistas que pretendem ver na propriedade dos meios de produção por parte do povo uma expressão do socialismo, dizendo que essas relações jurídicas não são base de nada. De certo modo poderia ter razão em relação ao termo-base, mas o essencial é que as relações de produção e o desenvolvimento das forças produtivas entram em choque num dado momento e que esse choque não é mecanicamente determinado por uma acumulação de forças econômicas, mas é sim uma soma quantitativa e qualitativa, por acumulação de forças conflituais do ponto de vista do desenvolvimento econômico e por ultrapassagem de uma classe social por outra, do ponto de vista político e histórico.

Quer dizer, nunca podemos separar a análise econômica do fato histórico da luta de classes (até que se chegue à sociedade perfeita). Por esse motivo, para o homem, expressão vivente da luta de classes, a base jurídica que representa a superestrutura da sociedade em que vive tem características concretas e exprime uma verdade palpável. As relações de produção e o desenvolvimento das forças produtivas são fenômenos econômico-tecnológicos que vão se acumulando no decurso da história. A propriedade social é uma expressão palpável dessas relações, tal como a mercadoria concreta é a expressão das relações entre os homens. A mercadoria existe porque há uma sociedade mercantil onde se produziu uma divisão do trabalho na base da propriedade privada. O socialismo existe porque há uma sociedade de novo tipo, na qual os expropriadores foram expropriados e a propriedade social substituiu a antiga, individual, dos capitalistas.

Essa é a linha geral que o período de transição deve seguir; as relações detalhadas entre esta ou aquela esfera da sociedade só tem interesse para determinadas análises concretas; a análise teórica deve sim abranger todo o quadro das novas relações entre os homens, toda a sociedade em transição para o socialismo.

Partindo desses dois erros conceituais fundamentais, o companheiro Bettelheim defende a identificação obrigatória, exatamente encaixada, entre o desenvolvimento das forças produtivas e as relações de produção, em cada momento dado e em cada região dada, e simultaneamente transplanta essas mesmas relações para o caso da expressão jurídica.

Para chegar onde? Vejamos o que diz Bettelheim: "Nestas condições, o raciocínio que parte exclusivamente da noção geral de 'propriedade estatal' para designar as diferentes formas superiores de propriedade socialista, pretendendo reduzir esta a uma realidade única, tropeça em dificuldades insuperáveis, sobretudo quando se trata de analisar a circulação das mercadorias no interior do setor socialista do Estado, o comércio socialista, o papel da moeda etc.".

E logo, analisando a divisão feita por Stalin em duas formas de propriedade, afirma: "Este ponto de partida jurídico e as análises que dele decorrem levam à negação do caráter necessariamente mercantil, no momento atual das trocas entre as empresas socialistas do Estado, e tornam incompreensíveis, no plano teórico, a natureza das compras e vendas efetuadas entre empresas estatais, a natureza da moeda, dos preços, da contabilidade econômica, da autonomia financeira etc. Estas categorias se encontram assim privadas de todo o conteúdo social real. Surgem como formas abstratas ou processos técnicos mais ou menos arbitrários, e não como expressão destas leis econômicas objetivas cuja necessidade era, por outro lado, apontada pelo próprio Stalin.".

Para nós, o artigo do companheiro Bettelheim, apesar de tomar manifestamente partido contra as ideias que em algumas oportunidades expressamos, tem inegável importância, porque vem de um economista com profundos conhecimentos e de um teórico do marxismo. Partindo de uma situação de fato para fazer uma defesa, quanto a nós mal pensada, do uso das categorias inerentes ao capitalismo no período de transição e da necessidade da propriedade individualizada dentro do setor socialista, ele revela que, seguindo a linha marxista a que podemos chamar ortodoxa, a análise pormenorizada das relações de produção e da propriedade social é incompatível com a manutenção dessas categorias, e assinala que aí há algo incompreensível.

Defendemos exatamente o mesmo, só que nossa conclusão é diferente: achamos que a inconsequência dos defensores do Cálculo Econômico resulta de que, seguindo a linha de análise marxista, quando chegam a um determinado ponto têm de dar um salto (deixando pelo meio "o elo perdido") para caírem numa nova posição a partir da qual continuam sua linha de pensamento. Concretamente, os defensores do Cálculo Econômico nunca explicaram corretamente como se mantém na sua essência o conceito de mercadoria no setor estatal, ou como se faz uso "inteligente" da lei do valor no setor socialista, com mercados distorcidos. Constatando a inconsequência, o companheiro Bettelheim retoma os termos, inicia a análise por onde devia terminar – pelas atuais relações jurídicas existentes nos países socialistas e pelas categorias que aí subsistem –, constata o fato real e certo de que existem essas categorias jurídicas e essas categorias mercantis, e conclui pragmaticamente daí que se existem é porque são necessárias; a partir dessa base, caminha para trás de forma analítica para chegar ao ponto onde se chocam a teoria e a prática.

Nesse ponto, dá uma nova interpretação da teoria, submete Marx e Lenin à análise e extrai sua própria interpretação, com as bases errôneas que apontamos, o que lhe permite formular um processo consequente de um extremo ao outro do artigo.

Esquece aqui, no entanto, que o período de transição é historicamente jovem. No momento em que o homem alcança a plena compreensão do fato econômico e o domina através do plano, está sujeito a inevitáveis erros de apreciação.

Por que pensar que o que "é" no período de transição necessariamente "deve ser"? Por que justificar que os golpes dados pela realidade em determinadas ousadias são produto exclusivo da audácia e não também, em parte ou no todo, falhas técnicas de administração?

Pensamos que é atribuir demasiada importância à planificação socialista, com todos os defeitos técnicos que pode ter, pretender, como o faz Bettelheim, que: "Daqui deriva a impossibilidade de proceder de maneira satisfatória, isto é, eficaz, a uma repartição integral *a priori* dos meios de produção e dos produtos em geral, e a necessidade do comércio socialista e dos organismos comerciais do Estado. De onde resulta também o papel da moeda no interior do próprio setor socialista, o papel da lei do valor, e um sistema de preços que deve refletir não só o custo social dos diferentes produtos, mas deve também ser a expressão das relações entre a oferta e a procura destes produtos e assegurar eventualmente o equilíbrio entre esta oferta e esta procura, quando o plano não o tenha podido assegurar *a priori* e quando o uso de medidas administrativas para realizar este equilíbrio comprometa o desenvolvimento das forças produtivas.".

Considerando nossas debilidades (em Cuba), apontávamos no entanto nossa intenção de definição fundamental: "Negamos a possibilidade do uso consciente da lei do valor, baseados na inexistência de um mercado livre que exprima automaticamente a contradição entre produtores e consumidores; negamos a existência da categoria mercadoria na relação entre empresas estatais; e consideramos todos os estabelecimentos como parte da única grande empresa que é o Estado (apesar de, na prática, tal não acontecer ainda no nosso país). A lei do valor e o plano são dois termos ligados por uma contradição e sua solução; podemos, pois, dizer que a planificação centralizada é o modo de existir da sociedade socialista, a sua categoria definidora e o ponto em que a consciência do homem consegue, por fim, sintetizar e dirigir a economia para a sua meta, a plena libertação do ser humano no quadro da sociedade comunista.".

Relacionar a unidade de produção (sujeito econômico para Bettelheim) com o grau físico de integração é levar o mecanismo ao extremo e negar a possibilidade de fazermos o que tecnicamente os monopólios norte-americanos já praticavam em muitos ramos da indústria cubana. É desconfiar demasiado das nossas forças, e capacidades.

Assim, aquilo a que se pode chamar "unidade de produção" (e que constitui um verdadeiro sujeito econômico) varia evidentemente segundo o nível de desenvolvimento das forças produtivas. Em certos ramos da produção, onde a integração das atividades está suficientemente avançada, o próprio ramo pode constituir uma "unidade de produção". Pode ser o caso, por exemplo, da indústria elétrica, na base da interconexão, porque isso permite uma direção única centralizada de todo o ramo.

Ao desenvolvermos pragmaticamente nosso sistema, deparamos com alguns problemas que já tinham sido examinados e tratamos de resolvê-los do modo mais coerente possível, uma vez que nossa preparação o permite, com as grandes ideias expressas por Marx e Lenin.

Isso nos levou a procurar a solução para as contradições existentes na economia política marxista no período de transição. Ao tentar superar essas contradições, que somente podem ser entraves transitórios ao desenvolvimento do socialismo, porque a sociedade socialista existe de fato, investigamos os métodos organizativos mais adequados à prática e à teoria, que nos permitirão impulsionar ao máximo a nova sociedade, mediante o desenvolvimento da consciência e da produção; esse é o campo em que estamos hoje embrenhados.

Em conclusão

1) Achamos que Bettelheim comete dois erros grosseiros no método de análise:

a) Transpor mecanicamente o conceito da necessária correspondência entre relações de produção e desenvolvimento das forças produtivas, de validade global, para o microcosmos das relações de produção em aspectos concretos de um dado país durante o período de transição, e extrair assim, conclusões apologéticas tingidas de pragmatismo, sobre o chamado Cálculo Econômico.

b) Fazer a mesma análise mecânica em relação ao conceito de propriedade.

2) Portanto, não estamos de acordo com sua opinião de que a autogestão financeira ou a autonomia contabilística "estão ligadas a um dado estado das forças produtivas", consequência de seu método de análise.

3) Negamos seu conceito de direção centralizada na base da centralização física da produção (dá o exemplo de uma rede elétrica interligada) e o aplicamos a uma centralização das decisões econômicas principais.

4) Não nos parece correta a explicação da razão da necessária vigência sem restrições da lei do valor e de outras categorias mercantis durante o período de transição, ainda que não neguemos a possibilidade de usar elementos dessa lei para fins comparativos (custo, rentabilidade expressa em dinheiro aritmético).

5) Para nós, "a planificação centralizada é o modo de existir da sociedade socialista" etc., e, portanto, atribuímos a ela muito maior poder de decisão consciente do que Bettelheim.

6) Consideramos de muita importância teórica o exame das incoerências entre o método teórico de análise marxista e a subsistência de categorias mercantis no setor socialista, questão que deve ser mais aprofundada.

7) A propósito deste artigo, aos defensores do Cálculo Econômico aplica-se a frase: "Deus me guarde dos meus amigos, que dos meus inimigos me guardarei eu.".

CAPÍTULO 9

A classe operária e a industrialização de Cuba[1]

UMA REVOLUÇÃO COMO A NOSSA, uma revolução feita por vontade do povo e para o povo, não pode progredir se as medidas tomadas não forem assumidas por todo o povo.

Para assumir essas medidas com entusiasmo, é preciso conhecer o processo revolucionário; é preciso sentir sua necessidade e assumi-la conscientemente. Se nos sacrificamos, temos de saber por quê. A via da industrialização, que conduz ao bem-estar coletivo, é difícil.

Por outro lado, à medida que as contradições no mundo se acentuam e que os movimentos populares das regiões subdesenvolvidas substituem o agressivo imperialismo econômico dos Estados Unidos, a agressividade norte-americana redobra de intensidade no seu *mare nostrum*, as Caraíbas. Em outras palavras, o grande despertar, a que por todo o lado se assiste, implica uma ameaça para Cuba. Daqui em diante, é necessário que estejamos conscientes do fato de que somos em parte responsáveis por todos esses acontecimentos.

Há um evidente despertar nos países subdesenvolvidos, e o exemplo cubano em certa medida contribuiu para isso. É inútil dizer que nosso exemplo teve mais força na América Latina do que no Japão. No entanto, fizemos a demonstração de que as potências coloniais não são tão fortes como outrora se imaginava. Esse será um aspecto positivo para a solidariedade internacional que se desenvolverá contra qualquer agressão que venhamos a sofrer.

Quando falo de agressão, quero dizer agressão real, física, e não simples agressão econômica, como a que terá lugar em breve na Câmara dos Representantes dos Estados Unidos, a propósito das nossas cotas de açúcar.

Temos um caminho difícil a percorrer. Nossa força reside na unidade dos operários e camponeses, de todas as classes necessitadas, que devem marchar para o futuro.

....
[1] Discurso feito em 18 de junho de 1960.

A minha conferência destina-se diretamente aos operários, e não aos camponeses. E isso por duas razões. Primeiro, os camponeses cumpriram integralmente sua primeira tarefa histórica; combateram com energia para conquistar o direito à terra e já estão recolhendo os frutos da vitória. Nosso campesinato está inteiramente na esteira da revolução. A classe operária, pelo contrário, não colheu ainda os frutos da industrialização. Há uma resposta clara para isso: precisávamos criar primeiro uma base para a industrialização, e essa base exigia uma alteração da estrutura agrária. A reforma agrária criou a base da industrialização.

Estamos agora no caminho da industrialização. O papel da classe operária tornou-se muito importante. Os operários devem compreender todas as tarefas que lhes cabem e a importância do momento que vivemos, sem o que não conseguiremos criar uma sociedade industrial.

Queria que isso ficasse claro, não há necessidade de rodeios quando se fala para revolucionários. É bom que se conheçam todas as nossas fraquezas e que se procure superá-las. Não se pode dissimular o fato de que o movimento revolucionário teve sua base primeiro entre os camponeses e só em seguida na classe operária. E isso aconteceu por um determinado número de razões. Primeiro, foi nas regiões camponesas que se produziu o movimento insurrecional mais forte. O dirigente insurrecional com mais prestígio, Fidel Castro, estava numa região camponesa. Mas há também razões socioeconômicas de grande importância: Cuba, como qualquer país subdesenvolvido, não tinha um proletariado forte. Em algumas indústrias, essencialmente nas indústrias novas ligadas ao capital monopolista, os operários eram por vezes indivíduos privilegiados. O operário do açúcar tinha de suar horas e horas ao sol durante três meses, para passar fome nos nove restantes, enquanto outros trabalhadores tinham um emprego todo o ano e ganhavam seis vezes mais. Isso constitui uma grande diferença que provoca divisões no seio da classe operária. De fato, é exatamente isso o que as potências coloniais favorecem; procuram dividir a classe operária concedendo privilégios a uma minoria que passará a querer preservar o *status quo*. Dizem ao operário que se pode elevar pessoalmente graças ao esforço próprio e não pela ação coletiva. Desse modo, quebram a solidariedade do proletariado.

É por isso que, depois da Revolução ter conquistado o poder, travamos duros combates contra os representantes de Mujal,[2] que bloqueavam o desenvolvimento do movimento sindical. Não podemos hoje dizer que esses representantes do passado tenham sido totalmente aniquilados, mas brevemente estarão destruídos.

---

[2] Eusebio Mujal era dirigente sindical durante a ditadura de Batista. Concluiu um acordo com Batista, em que os trabalhadores poderiam ver aumentado seu bem-estar se se mantivessem afastados da política.

Subsiste, entretanto, na classe operária um pouco do estado de espírito que leva a encarar os problemas segundo a oposição patrão-empregados, análise muito simplista da realidade. Assim, quando atualmente iniciamos nosso processo de industrialização e damos um papel de primeiro plano ao Estado, vemos que numerosos empregados consideram o Estado um empregador qualquer. Nosso Estado é precisamente o oposto de um Estado-patrão;[3] consequentemente, para acentuar bem isso, temos tido longas conversas com os trabalhadores. Os operários estão mudando de atitude, mas houve um certo momento em que travaram o desenvolvimento.

Poderia citar alguns exemplos, mas não há necessidade de discutir casos individuais nem de apontar ninguém, porque estou convencido de que, na maioria dos casos, o problema não vem da má intenção, mas de uma mentalidade velha que deve ser destruída. Os operários não querem prejudicar a revolução.

Deve ficar bem claro para todos o que dizia recentemente Fidel: "O melhor dirigente sindical não é aquele que procura assegurar aos operários o pão cotidiano. O melhor dirigente sindical é aquele que combate pelo pão cotidiano de cada um, que abarca perfeitamente o processo revolucionário e que, analisando-o e compreendendo-o em profundidade, defende o governo e convence os seus camaradas explicando-lhes as razões de certas medidas revolucionárias. Mas isso não significa que um dirigente sindical se deva transformar num papagaio, que repita pura e simplesmente tudo o que disser o Ministério do Trabalho ou outro órgão da administração.".

É evidente que o governo cometerá erros e que o dirigente sindical deverá estar atento a esses erros. Se os erros se repetirem, o dirigente sindical deverá prestar-lhes ainda mais atenção. É simplesmente um problema de procedimento. No governo há representantes do povo; eles querem servir o povo e estão prontos para corrigir todos os erros que se possam cometer. Sem exceção.

É natural que um grupo de pessoas jovens, sem experiência, que tomaram a seu cargo um processo acelerado de desenvolvimento, enfrentando a maior potência econômica e militar do continente e do chamado "mundo ocidental", cometam erros. A tarefa do dirigente sindical é mostrar os erros aos representantes do povo, se necessário persuadi-los, e continuar a fazê-lo até que sejam tomadas medidas para corrigir esses erros. O dirigente sindical deve mostrar aos seus camaradas os erros cometidos e como é necessário combatê-los, como as coisas devem ser mudadas; mas isso deve ser feito pela discussão.

É inadmissível, e significaria o princípio do nosso fim, que os operários entrem em greve porque o Estado que os emprega (e falo aqui do processo de

---
[3] Estado-patrão: no original. Designa um Estado que detém os meios de produção e que não escuta os trabalhadores.

industrialização, onde é maior a participação do Estado) tenha adotado uma posição intransigente e absurda que lhes dê pretextos para isso. No dia em que tal acontecer, será o princípio do fim do governo popular. Isso seria a negação de tudo o que temos apregoado. Por vezes, o governo terá de pedir sacrifícios a determinados setores da classe operária. Já por duas ocasiões, os operários do açúcar fizeram grandes sacrifícios; eles representam – e digo-o com toda a sinceridade – o setor mais combativo da classe operária e o que tem mais consciência de classe. Eles estão muito conscientes de suas obrigações revolucionárias. No futuro, teremos todos de cumprir nossos deveres revolucionários e de renunciar temporariamente a determinados privilégios e direitos em benefício da coletividade. Essa é uma outra tarefa do dirigente sindical: deve assinalar o momento em que o sacrifício será necessário, deve analisá-lo e assegurar-se de que o sacrifício dos operários seja o menor possível; mas deve, ao mesmo tempo, convencer seus camaradas da necessidade do sacrifício. É preciso que os operários se convençam da justeza do que lhes é pedido; é preciso que o dirigente sindical o explique e se assegure de que todos estão convencidos. Um governo revolucionário não pode pedir sacrifícios a partir de cima; os sacrifícios devem ser produto da vontade de cada um.

A industrialização constrói-se sobre o sacrifício. Não se pode entrar num processo acelerado de industrialização como se se fosse para uma festa. No futuro, isso ficará muito claro. Durante esse tempo as companhias monopolistas já deram um golpe (ou melhor, mostraram as garras, porque não conseguiram nos atingir) na questão do petróleo. Tentaram privar-nos de petróleo. Há alguns anos, nosso governo revolucionário teria sucumbido a esse golpe. Felizmente, hoje há potências que têm petróleo e o vendem com toda a independência; por outro lado, têm a possibilidade de nos entregar esse petróleo sem se importarem com quem se possa opor à transação. A atual divisão mundial de forças permitiu que Cuba escapasse ao colonialismo e tomasse o controle de seus recursos.

Nosso subsolo não terá valor enquanto não soubermos se contém petróleo. Para o saber, é preciso fazer a prospecção, e isso é muito caro. Entretanto, tivemos de encontrar energia suficiente para as nossas indústrias trabalharem. Sabeis que quase 90% da energia de nosso país depende da eletricidade, e que mais de 90% de nossa eletricidade depende do petróleo. O petróleo desempenha um papel estratégico em nossa economia; por isso, desenrolou-se à volta dele uma grande batalha. Sabíamos que o desencadeamento dessa batalha era só uma questão de tempo. Dirigimo-nos às companhias estrangeiras pelas vias legais; elas responderam com sua arrogância de monopolistas, procurando nos causar problemas.

Existe hoje uma potência que tem petróleo; possui navios para entregar esse petróleo e a força necessária para trazê-lo aqui. Se não tivéssemos tido essa fonte de petróleo, estaríamos agora perante uma penosa alternativa: permitir que a Revolução fosse destruída, ou regressar a um estado primitivo, com uma ligeira vantagem – nada mais – porque teríamos hoje cavalos e mulas, coisa que nossos ancestrais aborígenes não tinham. Isso teria significado a completa paralisação das nossas indústrias. A situação teria sido naturalmente muito difícil. Felizmente há uma terceira via, e devemos continuar a progredir.

Tal não significa que tenhamos alcançado uma vitória definitiva e que esteja afastado todo o perigo. Não é sem motivo que a maioria de nós usa hoje uniformes da milícia. A vigilância e o treino são agora mais necessários do que nunca. Talvez muitos de nós venham a morrer em defesa da Revolução. Mas, o mais importante, é trabalhar, sabendo sempre que essa ocasião pode chegar, prevenindo sempre, mas trabalhar como se essa ocasião nunca chegasse, pensando sempre na construção da paz em nosso país. É preciso pensar também, é a solução ideal, que nós temos esse direito. Se nos atacarem, nos defenderemos. Se as bombas inimigas destruírem o que construímos, pouco importa, o reconstruiremos após a vitória. No momento, é preciso somente pensar em construir.

Isso nos conduz à análise do que alcançamos até hoje nos planos político e econômico. Hoje temos, sem dúvida alguma, um governo revolucionário. Penso que ninguém põe isso em causa; é um governo popular, cujo fim é elevar o nível de vida da população e criar as condições que tornem possível a felicidade de nosso povo. Outra coisa que fizemos foi destruir as Forças Armadas tradicionais.

É essencial para o povo ter um governo popular. Agora, temos um governo do povo. Mas um governo tem infelizmente necessidade de se apoiar sobre as Forças Armadas. É necessário ter um Exército, mas devemos evitar fazer dele uma instituição parasitária. O nosso tem escapado a isso. Se não tivéssemos destruído o Exército tradicional, estaríamos hoje na prisão, senão mortos. É por isso que o Exército Rebelde é tão importante atualmente. Nosso governo revolucionário apoia-se sobre o Exército Rebelde. Eles são uma e a mesma coisa.

Temos também uma boa situação geográfica, e uma natureza luxuriante que nos permite um desenvolvimento econômico extraordinário. Temos recursos minerais insuspeitados. Somos o segundo produtor de níquel do mundo – ou pelo menos – o segundo do mundo ocidental. O níquel é utilizado para a cabeça dos mísseis e dos foguetes. Utiliza-se também para a blindagem de todos os carros e, até há pouco tempo, para soldaduras delicadas na indústria aeronáutica. É um mineral estratégico que será ainda mais empregado no futuro. É sabido que temos ferro, de difícil tratamento, mas temos. Não temos carvão, mas arranjaremos maneira de obtê-lo. Por outro lado, temos a cana-de-açúcar, fonte extraordinária de abundantes riquezas.

Eis o nosso ativo; mas temos também um passivo.

Para começar, o nosso desenvolvimento é desigual. Somos um monoprodutor, como todos os países subdesenvolvidos. Produzimos principalmente açúcar; todo o nosso desenvolvimento gravitou em volta desse produto. Só desenvolvemos as nossas refinarias, e um grupo de importadores comprava produtos manufaturados com o dinheiro tirado das refinarias. A isso, é preciso acrescentar que os nossos antigos governos nunca fizeram muitas tentativas para vender o açúcar de maneira apropriada; em vez disso, renderam-se a um sistema econômico colonialista dominado pelos Estados Unidos. Nunca tentaram criar novos mercados. Apesar de numerosos países consumirem menos açúcar do que poderiam, apesar de uma grande parte do mundo ter visto aumentar seu poder de compra e estar disposto a comprar açúcar, nosso país não procurou novos mercados. Fechavam os olhos à realidade.

Tínhamos um sistema de cotas. Esse sistema permitia aos proprietários de terras ter mais terra do que a de que necessitavam. Em consequência, o nosso desenvolvimento agrícola estagnava. Um país com a riqueza de Cuba tinha uma tecnologia agrícola primitiva. A terra estava abandonada, ceifava-se uma vez por ano. Os campos entravam em rotação em média de sete em sete anos. É por isso que Cuba tinha colheitas muito pobres.

Há um outro problema. Todos o conhecemos – e falo com moderação.

A 90 milhas do nosso território encontra-se uma base aérea, uma base cheia de criminosos de guerra, uma base potencial de agressão. Eles têm tudo, desde a agressão diplomática, aqui, até os assassinos assalariados noutros países. Hoje, a agressão contra Cuba atinge níveis elevados. Estamos no coração estratégico das Caraíbas. Temos em nosso território uma base inimiga que é uma fonte constante de fricções conosco. Eles querem provocar uma guerra. Acima de tudo, temos a perigosa honra de sermos um "mau exemplo" para a América Latina. Eisenhower, como sabemos, desembarca na América Latina e acaba por chorar sob o efeito dos gases lacrimogêneos. Em outras palavras, a situação do pobre presidente é muito crítica.

Nosso próprio presidente foi à América Latina. Os funcionários governamentais trataram-no com frieza, mas recebeu o apoio caloroso do povo. Nosso exemplo é uma honra e também uma ameaça. É por isso que os colonialistas procuram nos isolar; mas é impossível nos isolar do povo. Eles procuram nos isolar gradualmente. Tentam primeiro isolar o ditador da República Dominicana; depois pretenderão que há na América Latina um outro ditador que deveria ser isolado. Como disse Fidel, procurarão nos cercar, depois cometerão uma agressão.

Essa é a ameaça exterior a que estamos expostos. Entretanto, devemos continuar a avançar. Os perigos políticos não contam. Temos de medir nossas possibilidades econômicas e, em seguida, progredir gradualmente até que tenha-mos conseguido nossa industrialização. Devemos fixar certas metas. Quais são nossos objetivos principais? Nossas metas mais importantes? Do ponto de vista político, queremos primeiro ser senhores de nosso próprio destino, queremos ser uma nação independente. Queremos encontrar nosso sistema de desenvolvimento sem ingerência estrangeira. Queremos comerciar livremente com o mundo. Queremos também melhorar o nível de vida do povo.

Não devemos nos preocupar por causa do problema político. Temos o apoio do povo, e ninguém pode nos subjugar por causa de um problema político. Nosso desenvolvimento, no entanto, não deve custar ao povo mais do que o necessário. Sabemos que há quem sinta a falta de numerosos bens de consumo. O colonialismo levou-nos precisamente a utilizar determinados artigos. Levaram-nos a consumir chicletes; agora, como eles não existem, há pessoas que se perguntam se esse governo vai realmente elevar o nível de vida do povo.

Deve ficar claro que nós podemos cometer erros; mas é preciso também compreender que há muitos artigos dos quais não temos necessidade – eles não são essenciais. Temos hoje 300 mil desempregados. E isso significa fome, miséria e doença. Não podemos – e dizemo-lo com toda a franqueza – importar chicletes ou pêssegos, e outros artigos, e criar ao mesmo tempo empregos para os desempregados e para os que estão subempregados. Isso é tarefa muito pesada.

Hoje, a nossa força de trabalho eleva-se a 2,3 milhões de pessoas. A nossa força de trabalho é constituída por um terço de nossa população. Treze por cento da força de trabalho está no desemprego, ou seja, 300 mil pessoas, e os subempregados constituem também 13%. Os trabalhadores do açúcar, que são quase 300 mil e só trabalham três meses por ano, fornecem um exemplo trágico de subemprego.

Em matéria econômica, o dever essencial do governo revolucionário é prestar primeiro atenção aos desempregados, e em seguida aos subempregados. É por isso que muitos de nós se bateram duramente contra os aumentos de salários. Um aumento de salários significa novos desempregados. Os capitais desta nação não são ilimitados; não podemos criá-los com uma máquina. Quanto mais dinheiro fabricarmos, menos valor ele terá. É necessário que nos desenvolvamos com os capitais que temos. Devemos planificar com cuidado, de modo que as indústrias que criamos ofereçam o máximo possível de empregos. É nosso dever velar acima de tudo para que cada um ganhe o seu pão cotidiano. Nossa primeira meta é conseguir que ninguém tenha fome, velar, pois, para que todas as pessoas comam todos os dias. Após o que será necessário assegurar a cada um condições de vida decentes. Isso será seguido dos cuidados médicos e do ensino gratuito.

Atualmente, nosso problema principal é o desemprego. É nisso que devemos pensar. Economizar as divisas não é um passatempo, é uma necessidade imperiosa. Cada centavo economizado servirá para criar emprego. Mas voltemos ao nosso tema, que é de nos interrogarmos como alcançar o nosso desenvolvimento econômico.

Para nos desenvolvermos, podemos tomar duas vias. Uma é o sistema da livre--empresa, a que se chama também *laissez-faire*, que quer dizer que se permite que todas as forças econômicas hajam livremente. Essas forças econômicas são supostamente iguais e em concorrência livre umas com as outras para desenvolver o país.

Tivemos esse sistema em Cuba no passado e não nos conduziu a lugar nenhum. Tenho insistido, em muitas ocasiões, nos exemplos que mostram como nosso povo foi reduzido à escravatura pelos meios econômicos, sem mesmo se aperceber disso.

Havia nessa época uma ditadura, mas isso podia ter acontecido sem a ditadura. Existe por exemplo uma companhia – agora controlada pelo Estado – chamada Cubanitro. Essa companhia vale 20 milhões de pesos e deveremos aumentá-la. É uma companhia valiosa. Antes era propriedade de um grupo de acionistas que tinham investido nela 400 mil pesos. Esse grupo tinha obtido um empréstimo bancário de 400 mil pesos e, de um dia para o outro, um homem que tinha tido uma ideia e um pouco de iniciativa se tornou milionário.

Há outros casos em que não foi feito nenhum investimento na fábrica, na produção. Se um homem dispondo de 20 milhões de pesos criava empregos e desenvolvia a indústria nacional, isso não parece muito ruim. Há casos em que os 20 milhões de pesos não foram investidos na indústria; em vez disso, metade foi destinada à compra de máquinas e a diferença foi embolsada. Eles não tinham nenhum desejo de criar um plano industrial. Podia ir tudo ao sabor da corrente, não queriam saber disso.

Um exemplo clássico disso é a Técnica Cubana, uma fábrica de papel fundada unicamente para roubar dinheiro tomado de empréstimo. Eis, portanto, dois casos em que o Estado emprestou dinheiro à livre-empresa. É certo que esse não é o retrato de todas as empresas industriais mas, ao adquirirem importância, a maior parte das empresas fazia acordos com os militares ou com os políticos que, na época, controlavam o poder. Asseguravam-se assim de maiores vantagens.

Um outro bom exemplo do sistema da livre-empresa é a carta da Radio-Cremata que Fidel leu uma vez, e onde esta falava claramente dos serviços que prestava à Companhia Cubana de Eletricidade,[4] enquanto era representante do povo cubano. É um outro exemplo do sistema da livre-empresa.

Outro aspecto desse desejo de roubar, que animava os proprietários, é o triste caso de tantas fábricas fechadas. Por quê? Por duas razões. Primeiro, essas pequenas fábricas, na posse de pequenos capitalistas cubanos, estavam submetidas à concorrência de grandes empresas monopolistas que, quando tinham um concorrente, baixavam os preços, o que o eliminava. Em escala mundial – e é assim que funcionam essas grandes sociedades – custa-lhes muito pouco essa redução de preços. Mas uma pequena empresa vai à falência em seis meses.

Essa anarquia que se encontra no sistema de livre-empresa tem outra razão. Quando um produtor lança um negócio e triunfa, outros três produtores se lançam na mesma atividade, mesmo que o potencial do mercado não permita mais que um só produtor. São por consequência eliminados.

---

[4] Cuban Electric Company, de propriedade norte-americana.

Outra consequência do sistema da livre-empresa é o fato de o operário ter de se vender a si próprio como uma mercadoria que trabalha, por causa do desemprego e da luta entre as forças econômicas. Para encontrar um emprego, os operários têm de entrar em concorrência uns com os outros. Como não querem passar fome, vendem-se. É inútil dizer que o capitalista compra o operário mais barato. Há por vezes trabalhadores que, porque têm fome, se vendem ainda mais barato, e dessa forma estão traindo os interesses da classe operária. Isto é, aquele que obtém o emprego força os outros a imitarem-no e a aceitarem as mesmas condições. É outro resultado do sistema.

Por vezes se produz o contrário. A empresa estrangeira concede salários mais elevados que a empresa capitalista nacional ou o Estado, e transforma seus operários em privilegiados. O operário experimenta um certo sentimento de lealdade em relação a essa "boa" companhia, enquanto a empresa exporta todos os anos enormes lucros. A conta das companhias petrolíferas, por exemplo, obtinham anualmente de Cuba 30 milhões de dólares. Eu lamentava agora mesmo o fato de um cubano ter embolsado 20 milhões de pesos, mas o lucro anual das companhias petrolíferas era de 34 milhões. Isso se aplica a todas as grandes empresas internacionais – a Companhia dos Telefones, a Companhia Elétrica. Elas aperfeiçoaram um sistema: pagaram altos salários e tiveram grandes lucros. Sistema graças ao qual dividem a classe operária. E dizem também a seus operários que eles são pessoas privilegiadas porque trabalham para companhias estrangeiras. Eles têm seu próprio clube; os negros não são autorizados a trabalhar nela. Utiliza-se toda uma série de formas de segregação. Esses são exemplos visíveis em Cuba, porque esse sistema funcionou aqui durante muito tempo. Agora dizem-nos que é o único meio que permite o desenvolvimento democrático de um país. Atualmente, é o que nos procuram vender.

Mas existe um outro sistema. Segundo nosso sistema, nós somos revolucionários e nosso governo revolucionário representa o povo. Para quem nós devemos construir indústrias? A quem nós devemos favorecer? Devemos favorecer o povo. Somos representantes do povo, e é por isso que a industrialização do país deve ser dirigida pelo governo. Dessa maneira, não haverá anarquia. Se temos necessidade de uma fábrica de parafusos, haverá uma; se temos necessidade, por outro lado, de uma fábrica de facas, construiremos uma. Não haverá caos, e o capital da nação será economizado.

Se sentirmos necessidade de uma indústria de base, mesmo que tenha de funcionar com prejuízo, ela será construída, porque criará os alicerces de nossa industrialização. Por outro lado, não teremos nunca de rebentar uma greve ou uma manifestação operária com astúcia e manobras. Não dividiremos a classe operária. Não teremos de pagar mais que um salário justo ao operário ou ao especialista com o fim de nos assegurar uma vantagem ou de destruir alguém, porque isso não são métodos revolucionários. Procuraremos, contudo, dar ao trabalhador o salário mais alto possível em todas as indústrias, tendo sempre presente que nosso objetivo essencial é garantir emprego a todos – primeiro, empregos para os desempregados, e, em seguida, empregos para os subempregados.

Há grandes diferenças entre o desenvolvimento pela livre-empresa e o desenvolvimento revolucionário. Num, a riqueza concentra-se nas mãos de um punhado de pessoas, amigos do governo, intriguistas dos mais hábeis; no outro, a riqueza da nação pertence a todos. Cada empresa funciona a serviço do conjunto da nação. Graças ao desenvolvimento revolucionário, nossa riqueza não será controlada pelos monopólios estrangeiros. O desenvolvimento revolucionário nos permitirá, até mesmo, recuperar progressivamente nossa riqueza nacional roubada pelos monopólios estrangeiros.

Eis as diferenças fundamentais entre os dois sistemas. Nosso povo escolheu o caminho do desenvolvimento revolucionário. Nossas empresas, como disse Fidel, vão se chamar Companhia Popular.

Se analisarem o que fizemos até agora, verão que temos seguido esse tipo de desenvolvimento. Começamos como estávamos destinados a começar, com as leis mais modestas que pudessem efetivamente beneficiar o povo. As tarifas de eletricidade diminuíram, os aluguéis foram reduzidos, a administração pública foi saneada. Depois, veio a lei que marcou a virada de nosso caminho, porque até então, quando reduzíamos as tarifas da eletricidade e do telefone e os aluguéis, quando saneávamos a administração, fazíamos o que os próprios defensores do sistema da livre-empresa propunham. Algumas pessoas que tinham imóveis de aluguel não estavam nada contentes. A companhia elétrica e a companhia de telefones não gostaram de nossas medidas. Mas os grandes monopólios apoiaram nossas iniciativas. Era o que eles queriam: um governo de boa reputação que melhorasse um pouco o nível de vida do povo. Para eles esse era o governo perfeito. O ideal era ter um governo que representasse a democracia ocidental, como o de Figueres;[5] pouco importa que se trate, entre outras coisas, de um grande proprietário de terras. Depois, veio a reforma agrária e as coisas se complicaram. Há, antes de tudo, a United Fruit Company que, como todos sabem, está diretamente relacionada com o Departamento de Estado dos Estados Unidos.

Nesse momento se tornou evidente que o governo revolucionário ia fazer reformas e não apenas falar delas demagogicamente. Pouco a pouco nossa riqueza nacional aumentava, e com ela nossa capacidade de agir. Distribuímos a terra aos camponeses; as nossas cooperativas açucareiras fundaram refinarias, no âmbito da reforma agrária. Estávamos criando as condições necessárias para a incorporação

....
[5] José Figueres, presidente da Costa Rica (1953-1958), era um dos dirigentes de "esquerda democrática" da América Latina, e um grande amigo dos Estados Unidos.

do povo no processo revolucionário, de maneira a que pudéssemos todos acertar o passo. Aumentamos nossa força graças a pequenas coisas, como o confisco dos bens dos criminosos de guerra e dos vigaristas.

Então começou a agressão. Fomos atacados por pequenos aviões. Havana foi bombardeada. Respondemos à agressão com novas leis revolucionárias: a lei sobre o petróleo, a lei sobre as minas. Continuamos avançando nessa via. Os Estados Unidos ameaçaram cortar nossas cotas de açúcar e nós assinamos um acordo com a União Soviética. Cortaram-nos os créditos em seus bancos e nós assinamos acordos mais vantajosos com os países comunistas e o Japão. Diversificamos nosso comércio externo e esperamos o golpe, porque quem sabe como essas pessoas operam deve saber que atacam mais cedo ou mais tarde. Os monopólios não fazem nunca um jogo leal. Quando percebem que desapareceram suas possibilidades de obter lucros num país, atacam-no. Por vezes, seu ataque é direto, como na época da "diplomacia do porrete"; por vezes, o ataque é econômico. É o que se passa agora com as cotas de açúcar. Tínhamos previsto o problema e estamos perante um dilema: ou bem se faz o que se impõe fazer e se enfrenta a agressão, ou nos tornamos os Figueres mais representativos do continente. Temos sempre evitado nos tornar novos Figueres, porque isso seria a própria negação das aspirações populares. Disfarçar-se de democrata é uma brincadeira de muito mau gosto. Mais vale ser Somoza[6] porque todos sabemos o que é. Disfarçar-se de patriota, de revolucionário, de homem de esquerda "moderada" é trair tristemente o povo. Jamais poderíamos tê-lo feito. Não, nós não podíamos falar ao povo a linguagem da revolução, negociando com os monopólios à porta fechada. Escolhemos um caminho difícil, um caminho que cremos ser justo, e o povo nos apoiou.

Agora, é preciso que lutemos em duas frentes. Impõe-se que defendamos nosso litoral, e temos de nos empenhar na batalha da industrialização. Depois de analisar os problemas que enfrentamos, é necessário definir as tarefas fundamentais da classe operária.

As tarefas são numerosas mas, do ponto de vista econômico, há três grandes obrigações a cumprir. Essas três obrigações entram por vezes em conflito com o denominador comum que a classe operária tomou para as suas aspirações e para a luta contra os patrões. Hoje, uma das grandes obrigações da classe operária é a de produzir bem. Quando dizemos "produzir", os trabalhadores podem pensar que lhes dizemos exatamente a mesma coisa que diziam os empregadores privados – isto é, que deviam produzir mais riquezas –, mas que isso significa o desemprego para outros operários e uma concentração muito maior de riqueza nas mãos do empregador. É verdade que aí há uma contradição aparente; mas se hoje devemos produzir mais riqueza é para que o Estado crie mais fontes de

---

[6] A família Somoza governou ditatorialmente a Nicarágua durante mais de vinte anos.

trabalho – de modo que todos possam trabalhar. Chegou a época de inventar sempre; é preciso criar novos empregos, fontes de trabalho que exigirão o maior desenvolvimento possível.

Como sabem, há muitas maneiras de calcular um investimento. Há investimentos que necessitam de uma grande concentração de capital, aproximadamente 10 mil pesos por trabalhador empregado. Regra geral, têm um rendimento muito elevado. Há também investimentos que só comportam uma fraca concentração de capital, de cerca de 2 mil pesos por trabalhador. Esse tipo de investimento é muito menos reprodutivo, mas é o que mais convém às nossas necessidades atuais. Temos necessidade disso sobretudo porque elimina o desemprego, ao mesmo tempo que cria a base técnica necessária para uma completa industrialização.

Queria ter conservado um documento que os trabalhadores da Televisão CMQ me deram, o qual mostra claramente o que a classe operária devia fazer. É simplesmente uma ideia para economizar as bobinas de todas as fitas de máquinas de escrever do país, com o fim de evitar a importação desse artigo. Esse é um outro dever da classe operária, diretamente ligado à obrigação de produzir: economizar, imaginar maneiras de podermos economizar dinheiro. É preciso economizarmos tanto quanto possível. Não podemos gastar um só centavo sem necessidade. Cada centavo deve ser despendido efetivamente em benefício do povo. Cada centavo economizado vai para o nosso comércio interno ou para o tesouro nacional. Ele permite a criação de uma nova fonte de trabalho.

Produção e poupança são os fundamentos do desenvolvimento econômico – produção e poupança no interesse dos trabalhadores, e não no de um punhado de pessoas. Não poderíamos vos pedir grandes sacrifícios, para estarem mais atentos, para trabalharem mais duro, se os benefícios fossem para qualquer outro. Seria injusto fazer tais pedidos. Pedimos esses sacrifícios para o bem de todo o povo. Pedimos maior produção nas fábricas controladas pelo Estado. Cada vez mais, as grandes fábricas – aquelas que construiremos, certamente – estarão sob o controle do Estado. O controle do Estado crescerá com o tempo e crescerá também o dever da classe operária. Mas, mesmo em todas as indústrias privadas, é preciso evitar desperdícios e cuidar das máquinas [...].[7]

Além de produzir e poupar, uma terceira obrigação da classe operária é a de se organizar. Não de se organizar da maneira tradicional, classe contra classe, mas de se organizar de maneira a melhor servir a revolução, o povo e a classe operária pois, por exemplo, a diferença entre os camponeses e os operários deve desaparecer. Já há um grupo de 300 mil trabalhadores agrícolas que vão trabalhar

---

[7] Neste momento do discurso, Guevara salienta que muitos aprenderam de modo irresponsável. Cita o caso de Cadillacs novinhos em folha, confiscados à hierarquia do antigo regime, os quais já estão em estado miserável.

a terra com métodos mais mecanizados. Seu trabalho torna-se mais técnico, e é desse modo que todos se tornam operários – todos os que estão diretamente relacionados com a produção.

É preciso fazermos exatamente o contrário daquilo a que estávamos habituados. Nosso círculo imediato era o mais importante: o sindicato, o quarteirão, a família e o indivíduo. Antes, o indivíduo era o mais importante. Hoje, a nação, a totalidade do povo, são mais importantes que o indivíduo. Devemos nos considerar a nós próprios como o que há de menos importante, como a menos importante peça da máquina, mas devemos funcionar bem. Devemos estar prontos para sacrificar toda a vantagem pessoal ao bem coletivo. Cada grupo humano é mais importante que o indivíduo. Um setor sindical é mais importante que um sindicato de fábrica. O conjunto dos trabalhadores é mais importante que um só trabalhador. É uma questão que deve ser compreendida. Devemos nos organizar para mudar uma mentalidade criada no passado.

É necessário modificar a maneira de pensar dos dirigentes sindicais. A sua função não é gritar mais alto que o patrão ou impor medidas absurdas no quadro do sistema de produção, como a atribuição de salários para pessoas que não trabalham. Se um operário é pago sem tê-lo ganho, conspira contra a nação e contra ele próprio.

Eis, portanto, os três deveres da classe operária. Para cumpri-los, devem compreender o desenvolvimento do processo revolucionário e acrescentar-lhe a consciência precisa da fábrica na qual trabalham; têm necessidade de conhecer todo o sistema de produção. É um dever e um direito que deve ser reivindicado por todos os trabalhadores; conhecer perfeitamente sua máquina, repará-la e aperfeiçoá-la se possível. Devem conhecer vossa máquina, vossa oficina, vossa seção, e todo o sistema de produção. É um dever e um direito a reclamar à vossa administração.

Deve ser estabelecida uma relação estreita entre os operários e as administrações das fábricas controladas pelo Estado. Dirigir uma grande fábrica não é a mesma coisa que ser operário dela. Veem-se os problemas numa perspectiva diferente. Mesmo hoje, operários e administradores veem os problemas numa perspectiva diferente. O administrador deve deslocar-se ao local de trabalho do operário, e o operário, ao gabinete do administrador, o operário e o administrador devem trocar seus pontos de vista, de modo que os dois vejam o processo à mesma luz. Assim, veriam todos os aspectos dos problemas, os problemas seriam resolvidos e veriam que seria retirado grande número das reivindicações feitas atualmente pelos operários.

Há determinadas fábricas que já são controladas pelo Estado. Numa delas, por exemplo, um operário descobriu um sistema de produção mais eficaz, e seu contramestre impediu-o de produzir mais. Não considero isso traição, mas é uma falsa interpretação da situação, uma falsa interpretação do movimento revolucionário. Deve ficar claro que a história tornou ultrapassadas as velhas maneiras de pensar. Devemos pensar de maneira nova. Devemos usar o cérebro e analisar cada problema que se apresenta. Devemos analisar com espírito claro todos os nossos problemas.

O dirigente sindical e o trabalhador produtivo participarão por conseguinte no processo de produção e serão responsáveis por ele. Se não formos capazes de avançar mais, é porque há sindicatos hostis ou porque os operários não souberam compreender o problema. Por vezes, um dirigente sindical fala com o administrador e a base considera isso capitulação. Essas atitudes têm de desaparecer, porque nossa grande tarefa de industrialização da nação não poderá ser cumprida se elas subsistirem. Nossa tarefa é encontrar o melhor caminho e explicá-lo. O dever do povo é ajudar-nos a encontrar esse caminho e contribuir com todos os seus esforços para um avanço rápido. O povo deve corrigir os nossos erros de modo construtivo.

Até agora temos fixado objetivos muito moderados, para que possamos atingi-los. Não sabemos ainda exatamente se a classe operária compreendeu os problemas que enfrentamos, nem de que auxílio será capaz. Propusemos a duplicação, em dez anos, do rendimento anual de cada cubano. Hoje o rendimento médio anual de cada cubano é de 415 pesos. Se dividirmos isso pelos doze meses do ano, verificamos que o ganho mensal de cada pessoa é na realidade muito escasso. É certo que muitas mulheres e crianças não trabalham, mas isso não altera a questão. Esperamos poder em dez anos elevar o rendimento *per capita* para cerca de 900 pesos. Essa soma, o dobro do rendimento *per capita* atual, representa um dos principais esforços que devemos fazer, porque é algo que nunca foi feito na América Latina. Significaria um aumento anual de 7% do poder de compra das pessoas. Na América Latina, a taxa de crescimento anual do rendimento *per capita* situa-se entre 1 e 2%, e em alguns países essa taxa é negativa. Em outras palavras, nosso desenvolvimento seria assim extremamente acelerado, e será mais ainda à medida que cada um compreenda absolutamente seus deveres. Não me lastimo; é certo que atingir essa meta seria um triunfo fabuloso. Mas atingiremos, e será um triunfo fabuloso [...].[8]

Fixamos outra meta que exige mais atenção, e consiste em, no fim de 1962, quer dizer, exatamente daqui a dois anos e meio, termos eliminado o desemprego em Cuba. Podem não aplaudi-lo; não é mais do que um objetivo, e todos poderemos nos aplaudir a nós próprios, se o alcançarmos, ou nos vaiarmos se fracassarmos. Mas é o trabalho de cada um, o trabalho do governo e do povo

---

[8] Guevara resume aqui todas as suas notas e conclui. Os parágrafos seguintes são respostas às perguntas dos presentes.

unidos, e a grande obrigação de solidariedade de todos aqueles que têm bastante para comer para com aqueles que não têm nada ou quase nada.

Alguém, na plateia, diz que ao fim de quatro dias de intervenção governamental o número de clientes dos hotéis aumentou 4 mil.

Naturalmente, uma das tão numerosas tarefas coletivas é a administração conjunta de cada empresa pelos trabalhadores e pelo governo. Por exemplo, o problema hoteleiro põe à prova a capacidade da classe operária e de seus dirigentes democraticamente eleitos. Naturalmente, essa vitória inicial não é definitiva. Os hotéis põem um problema difícil, porque em Cuba foram construídos e geridos com uma mentalidade colonial, para o turista que vinha aqui deixar seus dólares à mesa de jogo ou em outro lugar de prazer. Isto é, foram construídos para uso do grande senhor que vinha às suas possessões das Caraíbas para desperdiçar um pouco do que essas possessões lhe tinham dado durante o ano. Não devemos esquecê-lo.

Mas é preciso que mudemos completamente o sistema, a mentalidade e a estrutura da indústria turística. Os turistas que virão, se vierem dos Estados Unidos, serão aqueles com bastante bom senso e coragem para enfrentar toda a espécie de ameaças mais ou menos abusivas dos seus. Virão, por outro lado, os turistas latino-americanos que querem conhecer em primeira mão o processo revolucionário; e, cada vez mais, esses hotéis deverão estar cheios de concidadãos nossos – de cubanos vindos de toda a ilha, e que a percorrem para se informarem sobre ela. Quer dizer que devemos subverter inteiramente o sistema turístico, e isso não é um trabalho fácil. Acrescento que estou certo de que aqueles que farão melhor esse trabalho, em colaboração com o governo revolucionário, são os dirigentes eleitos pelos trabalhadores.

CAPÍTULO 10

Discussão coletiva: decisão e responsabilidade únicas[1]

A NOSSA REVOLUÇÃO AVANÇOU TÃO DEPRESSA e os problemas colocados para nós têm de ser abordados tão rapidamente de um ponto de vista diferente que alguns meios revolucionários mal puderam reagir e assimilar a situação.

Essa é a razão pela qual queremos apresentar, nesta exposição largamente discutida, as linhas gerais da política para serem seguidas pelos administradores de empresas do Estado e as relações que esses devem ter com os agrupamentos operários e políticos: comitês técnicos de assistência, sindicatos, Juntas Provinciais de Coordenação, Execução e Inspeção (Jucei), organizações revolucionárias etc.

A Revolução Cubana, ao ultrapassar rapidamente sua primeira característica de revolução democrática anti-imperialista, transformou-se em revolução socialista; por esse fato, todos os problemas que surgem devem ser examinados do ponto de vista de um Estado a caminho do socialismo, e à luz dos grandes princípios norteadores do marxismo, tendo em consideração, por outro lado, a experiência dos países que estão em vias de construir o socialismo em seu território.

É necessário acrescentar as condições essenciais de nossa própria individualidade nacional, o que implica a adaptação ao quadro geral das necessidades do desenvolvimento em cada etapa dada.

A nossa Revolução deixou agora a fase de luta durante a qual foi obrigada a aplicar medidas draconianas gerais de expropriação dos capitalistas, sobretudo no setor industrial, que foi nacionalizado em mais de 80%, processo que se fez por compras, por expropriações decididas em consequência de fuga do país e

---
[1] Publicado na revista *Trabalho*, em junho de 1961.

de abandono da unidade de trabalho pelos proprietários, ou em decorrência de sua cumplicidade com elementos contrarrevolucionários. Tudo isso conduziu à necessidade de estruturar o aparelho de produção estatal sem ter em conta, por razões práticas, a produção privada.

Nesse plano, nos fixaremos nas possibilidades de produção e nas necessidades de abastecimento das empresas do Estado e, globalmente, naquelas desse grupo minoritário de empresas privadas que ainda subsistem.

O conceito de empresa modificou-se pouco a pouco. A Junta Central de Planificação apresentou uma definição de empresa que apresentou textualmente é a seguinte:

"O conceito de empresa pública é o da integração de todas as unidades de produção que produzem bens ou prestam serviços idênticos ou similares – ainda que tal não exclua que, em casos excepcionais e por razões práticas, se possam constituir empresas públicas segundo outros princípios de integração.".

A resolução da Junta Central de Planificação confere em princípio às empresas públicas os seguintes direitos:

a) Contratar a compra ou a recepção de recursos (energia, matérias-primas, lubrificantes e peças de substituição das máquinas usadas).

b) Contratar a venda ou a cessão de bens e serviços produzidos.

c) Contratar a construção de edifícios ou a aquisição de máquinas ou equipamentos necessários ao incremento das possibilidades de produção das unidades que a compõem, de acordo com o plano de investimentos aprovado.

d) Estabelecer contratos e convenções coletivas de trabalho.

e) Nomear, promover e despedir o pessoal – salvo o pessoal de direção – das unidades que as compõem, de acordo com o Ministério do Trabalho e segundo as listas aprovadas.

f) Elaborar um orçamento que permita obter do Estado os fundos necessários para efetivar os contratos referidos nos parágrafos a), c) e d), e entregar, sob a forma de receita pública, o ganho nas vendas realizadas.

Como podemos observar, uma empresa coletiva do Estado é um conjunto de unidades de produção mais ou menos similares, que trabalha com um orçamento estabelecido e que, com base nesse orçamento, elabora planos de produção, assina contratos para realizá-los, firma contratos e convenções coletivas de trabalho, nomeia, promove e despede o pessoal – salvo o pessoal de direção – dessas unidades, de acordo com o Ministério do Trabalho, e contrata a construção de edifícios e máquinas etc.

Aos administradores de cada fábrica é conferida uma parte das atribuições de um diretor de empresa pública, mas, no que respeita ao chefe, não há diferença entre os das empresas públicas e os das fábricas. A empresa coletiva pública é, na realidade, um agrupamento de várias fábricas, mas elas têm quase as mesmas funções.

Quem são atualmente os dirigentes das empresas do Ministério da Indústria? O chefe do departamento econômico, o chefe do departamento de produção e o do departamento de trocas. Essas são as três pessoas mais importantes, que constituem, com o diretor, a parte executiva da empresa.

Mas a empresa não é unicamente constituída – nem tampouco as fábricas, repito – por esse grupo diretivo de funcionários do Estado. Há também duas organizações muito importantes: o Sindicato e o Conselho Técnico de Assistência. As relações entre cada um deles devem ser estabelecidas com precisão.

Antes de prosseguir, devemos precisar que as fábricas são propriedades de todo o povo e que, como o povo, em nosso país, é representado pelo Estado, são propriedade do Estado. Este tem a missão que lhe foi confiada pelo povo cubano: dirigir a produção para os fins específicos de uma revolução socialista. É precisamente o caráter socialista da Revolução Cubana que determina as características gerais da produção; em face da anarquia da produção capitalista, estabelece-se o plano racional da produção socialista. É por isso que esse plano é um dos eixos do sistema e uma tarefa para a qual se conjugam os esforços do país, harmonicamente distribuídos e estreitamente ligados. O governo não pode, obviamente, ditar as regras, fixar os objetivos, sem a participação do povo – isso seria um plano frio, burocrático. Por isso, a empresa deve apelar para seus funcionários e operários a fim de que discutam os planos, para comprometer as pessoas na produção de maneira que o resultado final seja qualquer coisa de vivo, fruto de discussões práticas sobre temas precisos que possam contribuir para ele com conclusões acabadas.

É necessário acrescentar que, segundo os princípios atuais de direção de empresas nos países socialistas, o administrador e o conselho de administração tomam para si a responsabilidade absoluta de satisfazer os compromissos que lhes foram atribuídos. Isso tem de ficar bem claro, porque não podemos admitir da parte do administrador, nem abandono, nem demissão, nem transferência das funções que lhe foram conferidas pelo Estado em sua missão de diretor de empresa ou administrador de uma dada fábrica. Só com base nesse critério basilar podemos iniciar a discussão dos problemas a tratar.

Quais devem ser as relações entre o administrador e os sindicatos?

O título deste artigo já diz que a direção deve ser única, com uma responsabilidade única e discussão coletiva. Os diretores e administradores devem, em contrapartida, como já dissemos, conhecer e administrar em todas as suas fases, a planificação direta, a organização e o fabrico, a realização e o controle de todas as funções e assuntos da empresa pública ou, se for o caso, da fábrica.

As funções de um diretor de empresa são as seguintes:

a) Supervisionar e dirigir, diretamente ou por intermédio de funcionários competentes, os trabalhos das seções, escritórios e unidades de produção da empresa pública, e ser o principal responsável perante o Ministério pelo seu bom funcionamento.

b) Dirigir a elaboração e a execução do plano estatal no que respeita à parte correspondente à empresa pública – o plano técnico-econômico da empresa.

c) Velar pelo cumprimento do que foi previsto quanto a trabalho, salários, contratos, tecnologia, finanças, leis e regulamentos, segurança e higiene dos trabalhadores e seus direitos. Velar também pela utilização correta e eficaz dos recursos atribuídos pelo Estado à empresa pública.

d) Tomar as resoluções de caráter interno que julgue necessárias para o melhor funcionamento da empresa pública. Se for necessário, dar instruções para a melhor organização das atividades administrativas, econômicas, técnicas, das atividades de produção e das atividades comerciais da empresa pública.

e) Informar, orientar, preparar e formar o pessoal da empresa pública, para que sua atividade seja a mais revolucionária, a mais eficaz e a mais válida economicamente.

f) Assinar os documentos públicos ou privados necessários, sem de algum modo exceder os limites fixados pelo plano técnico-econômico da empresa pública.

g) Presidir aos conselhos de administração e reuniões a serem efetuadas para informação e coordenação das diversas atividades de empresa pública.

h) Colaborar com as organizações revolucionárias e sindicais.

i) Estimular a participação ativa dos trabalhadores na direção e na execução do plano.

E qual será o papel do sindicato?

Os sindicatos deparam com o problema de terem dois papéis diferentes, ainda que complementares, nesses tempos de revolução.

Um deles é compreender a ideia geral de organização e os objetivos do governo, discuti-los no nível da empresa ou da fábrica e transmiti-los às massas trabalhadoras, a fim de que consigam encarnar o espírito do que se pretende e marchem em frente com a melhor vontade.

O outro é aparentemente oposto, mas, na realidade, é complementar do primeiro, no que respeita à defesa dos interesses específicos e imediatos da classe operária à escala da empresa ou da fábrica.

A implantação do socialismo não acaba com as contradições, mas modifica a maneira de resolvê-las. Agora também existirão contradições, e é aí que o sindicato desempenhará um papel importante. Esse papel consistirá em justificar os pontos de vista de um dado setor de trabalhadores quando suas necessidades – podendo ser satisfeitas sem prejudicar o interesse geral da classe operária, que é a construção do socialismo e a rápida industrialização do país – não tenham sido tomadas em consideração a determinadas normas de trabalho, quando se tenha desejado pôr em causa determinadas regalias obtidas ao longo de muitos anos de luta sindical, quando não se tenham tomado em consideração as necessidades prementes das massas trabalhadoras da unidade de trabalho em questão, ou quando se trate da discussão da convenção coletiva de trabalho. Como se pode tomar toda essa defesa dos interesses imediatos da classe operária paralelamente à transmissão a esta das grandes iniciativas do governo? Ora, é muito simples, porque não há uma contradição inseparável entre essas duas tarefas.

O governo faz prosperar o país o mais rapidamente possível, utilizando a máxima quantidade de recursos em proveito do maior número de pessoas e no mais curto espaço de tempo. Essa é uma aspiração muito grande mas que, quando se coloca no nível de fábrica, choca por vezes com dificuldades práticas; nesse caso, a missão do sindicato é adaptar as condições reais do local de trabalho às grandes orientações gerais de desenvolvimento do Estado.

Para tornar essa ideia mais clara, vejamos um exemplo: suponhamos que temos de fazer um trabalho insalubre numa indústria, cujo nome não importa. O país necessita que ela produza. Para consegui-lo, é preciso trabalhar em más condições de salubridade e com toda a urgência. As organizações econômicas transmitem, por meio de seus organismos, a necessidade, que chega ao diretor da empresa encarregado da produção. O diretor decide duplicar a produção e pede um acréscimo de horas de trabalho, sacrifício necessário para aumentar a produção sem recorrer a novos investimentos que no momento não podem ser feitos. O sindicato pode barrá-lo e dizer: "Calma. Estamos pedindo aqui a este setor da classe operária um esforço exagerado, porque trabalhar tantas horas provoca tal doença, tal enfraquecimento físico, porque não existem mesmo as condições mínimas de salubridade, por essa ou por aquela razão. Nós queremos, em nome da massa operária que representamos, que as condições salariais sejam melhoradas em tanto, que as condições de salubridade sejam melhoradas nisso ou naquilo, que sejam melhoradas as condições de segurança social, para que as metas fixadas pelo Governo possam ser atingidas. Nesses termos, nos comprometemos a fazê-lo.".

Esse é, evidentemente, um caso extremo, pois a administração tem sempre em conta as condições necessárias para que os operários possam cumprir suas tarefas; tem em conta seu bem-estar e não lhes exigirá nunca o que se vê nesse exemplo, levado à caricatura. Mas essa é, em termos gerais, a outra função do sindicato. O sindicato deve preencher a dupla função de zelar pelas condições de trabalho dos operários e empregados e dar ao mesmo tempo às massas a orientação revolucionária do sacrifício ou do esforço necessário, com toda a honestidade de que os membros do proletariado são capazes, porque as linhas gerais da política econômica da revolução socialista se regem pelo desejo de criar mais riqueza para um maior bem-estar da classe operária, dos camponeses, de todo o povo.

O sindicato deve estar alinhado ao conteúdo dessas premissas e da maneira como se pode educar as massas para atingir rapidamente as metas propostas. Para isso, deve ter acesso à direção da unidade de trabalho. Enquanto não tivermos estruturado um regulamento, é necessário que o administrador aceite o secretário da seção sindical nos conselhos de administração. Esse contato íntimo permitirá maior tomada de consciência por parte dos operários e melhor compreensão dos objetivos econômicos.

Os sindicatos estão intimamente ligados ao crescimento da produtividade e da disciplina no trabalho, pilares da construção do socialismo. E também à preparação de administradores eficientes entre os trabalhadores em geral, pela elevação de seu nível técnico e político.

Outra das suas funções é, como já dissemos, a de se preocupar com os interesses materiais e espirituais imediatos dos operários. Ao harmonizar todas essas tarefas, no quadro da discussão e da persuasão –, que é um método básico para agir corretamente –, o sindicato cumprirá os deveres que lhe são atribuídos nesse período de tensão das forças produtivas.

Portanto, as relações entre o diretor e os sindicatos são cordiais, harmoniosas, são relações de cooperação mútua, mas em esferas diferentes; em relação a tudo o que toca à administração, é o administrador que tem a responsabilidade e deve exercer a sua autoridade; em relação à condução das massas e à elevação de seu nível ideológico, os sindicatos têm a maior responsabilidade e devem assumi-la com profundo sentido revolucionário.

Toda a contradição deve ser resolvida por meio de discussões, porque a arma superior da classe operária, que é a greve, é precisamente a arma da definição violenta das contradições da classe, o que não se deve produzir numa sociedade que caminha para o socialismo, e greves operárias nas nossas empresas significariam um fracasso da nossa administração e também uma prova de falhas lamentáveis da consciência política da classe operária. Mas, felizmente, essas duas condições negativas estão ultrapassadas em nosso país; a consciência operária desenvolveu-se de modo considerável e a orientação de nossa política é correta e tem como objetivo fundamental a satisfação dos interesses do conjunto da classe operária.

Uma prova bem clara de nossa situação atual, totalmente distinta do passado, é precisamente o trabalho voluntário dos operários, trabalho dirigido e orientado pelos sindicatos. Porque, na consciência dos operários, está bem claro que não se pode separar a fábrica do trabalhador, que formam um todo, que tudo o que o trabalhador faz para a fábrica é feito em seu próprio interesse, e, por outro lado, no interesse do povo em geral. Desse modo, o trabalho voluntário tende a unir trabalhadores, que vão de uma produção para outra segundo as necessidades do país, fazem trocas de trabalhadores entre as diversas fábricas ou empresas segundo as necessidades, como é o caso do açúcar, em que os trabalhadores de todas as indústrias contribuíram com qualquer coisa, unificando o espírito da classe operária de acordo com as grandes palavras de ordem do país.

Sobretudo nas fábricas, mas também nas empresas públicas, há um corpo mais ou menos técnico a que se chama comitê técnico de assistência. Esse comitê é constituído pelos operários mais qualificados de cada seção produtiva, que em conjunto aconselham o administrador no que respeita às medidas práticas a tomar em cada unidade de produção.

Os comitês também ocupam-se de tarefas revolucionárias e técnicas. Por exemplo, falta uma peça sobressalente e a máquina encontra-se paralisada por esse motivo; o engenheiro pensa que é preciso mandar vir essa peça de um país estrangeiro – o que leva um mês e meio –, que não é possível repará-la e, portanto, que a máquina terá de ficar parada. "Em todo caso", dirá o engenheiro, "é preciso mandar vir essa peça de avião.". O comitê técnico de assistência reúne-se, apela para a experiência prática de todos os operários, e decide que a peça pode ser reparada em Cuba enquanto se espera que chegue a peça de origem. Lançam mãos ao trabalho, a peça é reparada. Qual foi o trabalho desses operários? Foi um trabalho técnico, mas também um trabalho revolucionário. É essa sua função essencial, mas pode também, no mais alto nível da fábrica, apreciar o modo como se desenvolvem as relações de produção, a importância da disciplina operária, a importância da organização, ou a maneira errada como se fazem algumas coisas num ou noutro ponto da fábrica.

O comitê técnico de assistência é, portanto, o laboratório onde a classe operária se prepara para as grandes tarefas futuras da construção integral do país. Deve possibilitar o desenvolvimento de todos os operários suscetíveis de se aperfeiçoarem e encaminhá-los, com os sindicatos, para as diferentes escolas que são criadas; dirigi-los para trabalhar constantemente no melhoramento do nível técnico dos operários. Os sindicatos e as organizações revolucionárias se encarregarão de elevar seu nível cultural e ideológico.

O administrador é o presidente do comitê técnico de assistência. Suas decisões não têm apelação no nível de empresa ou de fábrica, mas é possível apelar para uma instância superior. Quer dizer que, no caso das fábricas, um comitê pode – e deve, aliás – denunciar perante o diretor da empresa o fato de determinado administrador de fábrica cometer alguma ação contrária à política do Ministério e que perturbe a produção, os operários e a marcha geral da unidade. Se o diretor não levar em conta essa denúncia, pode levá-la até o subsecretário do Ministério correspondente. Como se pode ver, está amplamente garantido que todas as denúncias do comitê sejam examinadas pelos responsáveis gerais dos problemas da produção.

Em resumo, o comitê técnico de assistência tem a função de suplementar o técnico graduado e de melhorar as condições de trabalho com seu entusiasmo revolucionário. Trabalha particularmente no estudo das peças de substituição, na racionalização dos processos produtivos e no aumento da produtividade do trabalho, e coopera com os sindicatos no aumento da disciplina no trabalho e no aperfeiçoamento técnico dos trabalhos. Por outro lado, tem atualmente uma tarefa inadiável que consiste em estruturar, com as autoridades do Ministério do Trabalho e dos respectivos Ministérios, as normas de trabalho. Essas normas são a base do cálculo dos salários no sistema socialista e é com base nelas que se estabelece o contrato coletivo.

Há um fator muito importante na produção, que é o fator técnico. No plano ideológico – como consequência das características do desenvolvimento político do país – ele tem ficado muito atrasado. Em Cuba, o técnico era em geral o homem saído da burguesia ou das classes abastadas da população, cujos pais tinham dinheiro que lhe permitia estudar aqui ou no exterior – em geral, nos Estados Unidos – e que era, em contrapartida, educado no respeito e na idolatria da técnica norte-americana. Depois de ter concluído os estudos, fazia geralmente um estágio numa empresa norte-americana e voltava para trabalhar aqui, muito provavelmente numa empresa norte-americana, de tal modo que o seu horizonte ideológico se limita aos conhecimentos práticos de sua matéria. Não teve contatos com outros meios, e para ele tudo que não é a "livre-empresa" é execrável, isto é, tudo o que não é a possibilidade de ele próprio enriquecer um dia, ainda que hoje seja explorado, ainda que seu camarada mais velho, o engenheiro Fulano de Tal, que já tem sessenta anos, continue a ser um modesto empregado como antes. Ele conserva, apesar de tudo, a esperança. Também vê com maus olhos a socialização das empresas. Está habituado a trabalhar algumas horas e a ser respeitado ou mesmo temido pelos operários. E, num golpe, viu como um mundo, que durante toda sua existência conheceu muito sólido e inalterável, e onde vivia relativamente à vontade e com hipotéticas possibilidades de também ele dar o grande salto para a fortuna, desabou bruscamente.

Por outro lado, os operários das fábricas geralmente consideram o técnico um aliado do patrão, um homem impiedoso que os faz trabalhar em excesso, que os obriga a aceitar determinado trabalho, que aponta os operários; com ou sem razão, englobam os técnicos no ódio aos antigos patrões. O engenheiro sente-se encurralado e começa a orientar-se, a procurar qualquer coisa que lhe permita superar a crise, e aí a tarefa do administrador é importante. É ele que deve ocupar-se desses técnicos, ajudá-los a progredir ideologicamente, mostrar-lhes por seu exemplo, pela propaganda constante, o que pode ser o socialismo, explicar-lhes claramente que no socialismo o técnico tem mais possibilidades de evoluir do que no capitalismo; que, mesmo quando um, dois ou cinco técnicos se tornam, no regime capitalista, proprietários de grandes fortunas, centenas e milhares de técnicos continuam explorados. É preciso dar-lhes confiança, trazê--los ao processo revolucionário. O técnico não está manchado por nenhum pecado original, simplesmente acontece que a educação que recebeu, a classe social de onde provém, o meio no qual se desenrolou toda a sua vida, ditam suas regras de conduta.

O administrador revolucionário deve trabalhar para que seus técnicos fiquem no país, para que se produza neles uma reviravolta ideológica que lhes permita não somente trabalhar, mas trabalhar com entusiasmo para a revolução, e que lhes permita que se identifiquem com a classe operária que num futuro imediato é chamada para reger os destinos do país.

Tudo isso sem deixar de ter em conta que não se pode admitir da parte dos técnicos o menor deslize. Devemos permitir-lhes todas as dúvidas ideológicas, todo o seu pavor em face da realidade atual, mas não podemos admitir, sob o pretexto de que têm uma forma de pensar ultrapassada, que maltratem os operários, faltem ao trabalho, se recusem a reparar uma máquina ou a trabalhar com técnicos socialistas que vêm nas numerosas missões enviadas pelos países socialistas para nos ajudarem.

A tarefa do administrador revolucionário é convencer, mas continuando firme. Esse é um dos pontos mais delicados de seu trabalho cotidiano.

Tudo isso constitui uma das tarefas do período de transição; os indivíduos provenientes de classes sociais que foram derrotadas na luta devem ser auxiliados a percorrer o trajeto que os conduz a deixarem de se considerar seres estranhos à nova sociedade e a se integrarem. No futuro, os novos técnicos sairão da classe operária e dos camponeses, e sua identificação com a revolução será total e o espírito de emulação socialista será uma coisa natural.

É muito importante que se faça desde já o maior esforço para que a classe operária progrida no domínio técnico, ao mesmo tempo que avança na via ideológica a passos de gigante. Ela poderá assim obter mais rapidamente o controle do aparelho de produção, que é a base econômica sobre a qual repousa o novo sistema.

Esse conjunto de organismos revolucionários – o comitê técnico de assistência, o sindicato e a administração com o administrador à cabeça – tem um determinado número de tarefas e relações em comum. Essas tarefas foram fixadas de maneira geral. No que respeita a suas relações, é preciso insistir, para que fique bem claro, e sublinhar, para que se saliente bem, o fato de que a responsabilidade pela execução dos planos do governo recai sobre o administrador e, por consequência, que a ele cabe a responsabilidade na execução de todas as ordens do governo para a realização do plano.

Deve haver uma grande integração desses grupos; devem estabelecer-se discussões contínuas e uma comunicação ininterrupta para permitir uma troca de opiniões a todo o momento e obter o concurso de todos os fatores políticos e técnicos necessários, de modo que o administrador, em última instância e sob a sua inteira responsabilidade, tome a decisão. É isso que permitirá que a empresa ou a fábrica em questão funcione como convém.

Paralelamente a todos esses organismos estabelecidos, existe, podemos dizer que oficialmente, outro com importância fundamental para a verdadeira expressão dos desejos e opiniões de classe operária, que é a assembleia de produção.

A assembleia de produção compreende todos os operários de uma fábrica, que reunidos democraticamente expõem seu ponto de vista sobre o andamento da indústria e do plano. Essa assembleia representa uma espécie de câmara legislativa que julga o trabalho individual e o de todos os empregados e operários.

Nessa assembleia devem reinar, como armas de educação socialista, a crítica e a autocrítica. Essa modalidade permite formar os administradores na escola da análise crítica de seu próprio trabalho perante a assembleia plenária da massa operária, e permite preparar esta para o controle eficaz das tarefas da administração.

A crítica e a autocrítica serão a base do trabalho cotidiano, mas serão levadas ao máximo nas assembleias de produção, onde se tratará de todos os problemas que dizem respeito à indústria e onde o trabalho do administrador será objeto de perguntas e de críticas por parte dos operários que dirige. Mas é preciso insistir no fato de que as discussões devem ter lugar a partir de posições lógicas e de raciocínios, e não de forças ou de interesses mesquinhos ou particulares. Os métodos imperativos de cúpula não têm qualquer valor, tal como não o tem a interpretação, por parte da classe operária, de que o administrador será demitido se não agradar aos operários e não fizer o que eles indicam.

Entre os novos organismos de criação revolucionária, há um que foi criado muito recentemente: as Juntas Provinciais de Coordenação, Execução e Inspeção (Jucei) que o companheiro Raúl Castro tinha criado na província do Oriente; foram criadas em seguida até a província de Matanzas, exceto nas províncias de Havana e Pinar del Rio. As Jucei têm duas funções importantes, das quais uma tem grande relação e outra tem alguns laços com a produção em nível central. As Jucei desempenham atualmente o papel de poder político local. Enquanto tal, têm algo a ver com todas as medidas tomadas na localidade ou na zona respectiva, e mesmo em toda a província. Nesse caso, as relações com a direção central são menos importantes.

Ao mesmo tempo, as Jucei têm outra atribuição na qualidade de aparelho especial de coordenação, vigilância e inspeção do Estado à escala provincial e local, e essa atribuição deve ser examinada com atenção porque é muito importante. As relações devem colocar-se estritamente na base de princípios estabelecidos, para que o trabalho das Jucei não se torne estéril, e também para que seu papel não assuma demasiada importância e que isso não provoque complicações.

Deve-se partir do princípio fundamental de que a administração de cada ramo de produção é a autoridade máxima nesse ramo. Os conflitos que possam surgir entre representantes inferiores de diversos ministérios, os conflitos de qualquer espécie que se possam produzir à escala da província ou da localidade devem ser examinados pelas Jucei com um espírito de cooperação, fazendo apelo à discussão entre eles; as Jucei são um organismo que não tem características executivas no ramo econômico e não pode nunca modificar, por uma diretiva local, a direção geral ditada pelo Ministério interessado.

É importante estabelecer a seguinte diferença: um conflito entre a administração de uma empresa do Estado dependente do Ministério da Indústria e outra dependente do Ministério dos Transportes, por exemplo, em relação a questões de competência local, pode ser resolvido à escala local, e as Jucei, onde as duas organizações estão representadas, podem intervir e fazer apelo a um acordo, estabelecendo o que é mais razoável ou mais desejável para o país. Se se produz um conflito entre um administrador de uma fábrica e um funcionário de categoria superior na hierarquia do respectivo Ministério, as Jucei devem ficar à parte e os administradores devem recordar-se de que, acima de tudo, estão submetidos administrativamente ao Ministério de que dependem, e que as relações com as Jucei só vêm em seguida. Quer dizer, é inadmissível que uma denúncia contra um funcionário superior da organização seja feita por parte dos operários e do administrador às Jucei, sem ter em conta o Ministério, porque nesse caso se rompe a ordem administrativa.

No caso das relações dos sindicatos com o comitê técnico de assistência, as relações dos chefes de fábrica com as Jucei provinciais servem também para obter a cooperação que todos procuramos e para tornar mais eficiente o trabalho do administrados; mas esses não pode nunca abandonar suas atribuições legítimas primordiais, ou seja, que a direção da fábrica é de sua responsabilidade e que ele tem que responder perante o Ministério por todos os fatos que se possam produzir no exercício dessa responsabilidade. Posto isso, as Jucei, onde estão reunidas as organizações revolucionárias e os delegados de organismos administrativos, têm a importante tarefa de coordenar todas essas forças, superar as agruras e trabalhar para o bem comum, fazendo que as possibilidades produtivas do país em escala local sejam plenamente utilizadas.

Quais são os objetivos essenciais para um administrador?

Podemos dizer que, no momento atual, o objetivo essencial é realizar o plano e ultrapassá-lo. Como pode o administrador conseguir isso? Essencialmente por dois meios: produção e produtividade.

A produção, isto é, a criação dos produtos necessários para atingir a meta estipulada, e a produtividade, isto é, a aceleração do processo de produção, de maneira que com uma despesa igual ou menor se possa produzir mais. Chegamos à produtividade em consequência de dois fatores: a coordenação das forças de produção, quer dizer, da massa operária, fazendo-lhe compreender a importância definitiva da realização do plano, e a elevação do nível técnico dos trabalhadores desde o mais baixo escalão.

Neste momento, há algo que desempenha um papel importante – é a clara concepção da ideologia por parte das massas e seu desejo de fazer mais e melhor, o que provoca competições estimulantes. A emulação é um dos pilares do desenvolvimento acelerado de um país em revolução, devendo suas bases ser estudadas e discutidas a fundo em todas as fábricas, para que do esforço comum surjam os grandes resultados da produção cubana.

E tudo isso deve ser feito sem quebra da qualidade da produção. Pelo contrário, a qualidade deve fazer parte das motivações, do valor dos esforços.

Se hoje alguns produtos mudarem de aspecto e de gosto, no futuro conseguiremos encontrar a fórmula e as matérias-primas necessárias para remediá-los. Devemos sempre progredir tendo em conta a importância da qualidade para o bem-estar da população, para que não seja sacrificada ao acréscimo da produção.

Para isso, é preciso cumprir uma das tarefas mais importantes e fecundas, a realizar com a colaboração estreita dos diretores de empresa, membros dos comitês técnicos de assistência, sindicatos, organizações revolucionárias e também das Jucei: é a formação de quadros.

A formação de quadros é a base que permitirá o triunfo futuro das fábricas, das empresas e do país em geral. Aquele que talvez sacrifique hoje algumas horas de trabalho ou algo da produção imediata, mas que ganhe, graças ao aumento da produtividade no futuro, e com juros, o que perdeu hoje, pode-se dizer que compreendeu perfeitamente o processo da produção socialista numa empresa ou organismo do Estado.

Essa é uma das tarefas mais importantes, à qual nos devemos dedicar atualmente, a fim de nos prepararmos e criarmos as condições necessárias à obtenção de um maior número de técnicos capazes nos anos futuros. Com esse objetivo, foi elaborado um plano minucioso com os países socialistas e que já está em vias de realização.

Ainda que não possamos moldar os seres humanos em formas rígidas para os classificar de acordo com seus méritos, e adicionar aritmeticamente os valores de classificação parcial de modo a obter um total, porque se trata de um todo, podemos dizer que o diretor de empresa ou de fábrica será perfeito se reunir as seguintes qualidades: desejar o interesse da classe operária e do país em geral, e o sucesso da sua unidade de trabalho em particular; coordenar, com todos os organismos revolucionários, adicionada à decisão e autoridade para resolver sob sua própria responsabilidade os problemas que se apresentam; ter capacidade para atingir um nível administrativo tal que possa abarcar o conjunto da produção e ter um contato pessoal e direto com as massas; saber comandar objetivamente segundo seus conhecimentos, mas saber também dar o exemplo; conhecer a teoria da planificação e seus problemas, bem como a tecnologia de sua unidade de trabalho; ter ultrapassado o nível intelectual médio e continuar se instruindo constantemente, mas se sentindo membro da classe operária e recorrendo a ela para colher experiência, capacidade para esquecer o mínimo interesse pessoal; capacidade para pôr o cumprimento das regras e dos deveres revolucionários à frente da amizade pessoal; saber estimar os indivíduos pelos atos, objetiva e totalmente, e não por aspectos pessoais ou pelas palavras; saber somar à maior disciplina administrativa a audácia e a iniciativa revolucionárias; cooperar no desenvolvimento técnico e político da classe operária, dando as maiores facilidades aos trabalhadores para estudar; ter aprendido definitivamente que as grandes verdades científicas do movimento revolucionário devem ser complementadas pelo trabalho constante e objetivo, tendo em conta a realidade e a trabalhando com a arma da teoria.

Teoria e prática, decisão e discussão, direção e orientação, análise e síntese são contraposições dialéticas que o administrador revolucionário deve conhecer perfeitamente.

CHE GUEVARA

Diário
Ernesto Che Guevara

Textos Revolucionários
Ernesto Che Guevara

Textos Políticos
Ernesto Che Guevara